Klaus Reichold

SCHLÖSSER
UND IHRE GESCHICHTEN

PRESTEL

München · Berlin · London · New York

INHALT

VORWORT

Manchen Palästen, Schlössern und Residenzen sieht man ihre Vergangenheit nicht an. Die makellosen Fassaden strahlen, und in den Innenräumen glänzt das Gold wie neu. Betritt man dann eine ausgetretene Türschwelle, entdeckt einen zerschlissenen Brokatbezug oder ein kostbares Tafelservice mit deutlichen Gebrauchsspuren, wird die Vergangenheit lebendig. Es ist wie im Theater. Der Vorhang teilt sich und gibt den Blick frei auf den Alltag bei Hof, auf das politische Tagesgeschäft und Epoche machende Ereignisse, auf menschliche Größe und Niedertracht, auf Triumphe und Tragödien. Denn was waren Paläste, Schlösser und Residenzen anderes als Bühnen der Weltgeschichte mit ständig wechselnden Inszenierungen? Sie sahen Auftritte gefeierter Monarchen und verhasster Despoten, waren Schauplätze von opulenten Empfängen und rauschenden Bällen, von Familiendramen und Kriegsratssitzungen. In ihren Mauern wurde regiert und intrigiert, geliebt und gemordet. Und die jeweiligen Bewohner zählten nicht immer zu den Glücklichsten. So klagte P'u-i, der letzte Kaiser von China, über die »beispiellose Zeremoniensucht«, der er in seinem Palast in Peking ausgesetzt war, und resümierte: »In diesem kleinen Ausschnitt der Welt verbrachte ich die absurdeste Kindheit, die sich nur denken lässt.« Auch die berühmte ›Sisi‹ fühlte sich in unerträglicher Weise vom starren Korsett der Etikette bedrängt. Deshalb floh sie die Wiener Hofburg wann immer sie konnte, begab sich auf monatelange Reisen und ließ sich nicht einmal an den Weihnachtsfeiertagen zu Hause blicken – zumal hier die herrische Schwiegermutter das Zepter in der Hand hielt. Nicht weniger unerquicklich gestaltete sich das Dasein der Dogen von Venedig: Ab dem Zeitpunkt ihrer Krönung waren sie nicht viel mehr als die ›Sklaven der Republik‹, die perfekt funktionieren sollten und deshalb weit reichende Einschränkungen ihrer Persönlichkeitsrechte hinzunehmen hatten. Anderswo freilich schlugen die Herrschenden hemmungslos über die Stränge. So heißt es von Großherzog Cosimo II. de Medici, er habe den Palazzo Pitti in Florenz in einen Treffpunkt von Possenreißern, Zwergen und Trunkenbolden verwandelt – worüber sich bald die ganze Stadt mokierte, weil das Geschrei der wüsten Gesellschaft nächtelang aus dem Palast drang. Gelegentlich fielen sogar die letzten moralischen Schranken: In Papst Alexander VI., dem zeitweiligen Hausherrn des Vatikanischen Palastes, erkannte der französische Schriftsteller Stendhal »die gelungenste Inkarnation des Teufels auf Erden«. In der Tat lässt sich kaum ein Verbrechen finden, dessen sich dieser Pontifex Maximus und seine Kinder Cesare und Lucrezia nicht schuldig gemacht hätten. Von harmloserem Gemüt zeigte sich da jener japanische Kaiser, den der deutsche Asienreisende Engelbert Kaempfer bei einer Audienz im Jahr 1692 erlebte. Der fernöstliche Monarch hieß seine europäischen Gäste, offensichtlich von kolossaler Langeweile übermannt, »hin und her spazieren, dann tanzen, springen, einen betrunkenen Mann darstellen, japanisch stammeln, malen, holländisch und deutsch lesen – und singen«, bevor er sie aufs Huldvollste verabschieden ließ. Ausgeprägte Eigenwilligkeit war das Kennzeichen zahlreicher Herrscher. So ist bekannt, dass Ludwig XIV. von Frankreich jede Klage über bauliche Unzulänglichkeiten in Versailles enerviert vom Tisch zu wischen pflegte. Die Hofbeamten beschwerten sich über die drangvolle Enge ihrer Wohnungen in den Dachgeschossen des Schlosses, die Dienerschaft monierte, dass sich die prächtigen Repräsentationsräume wegen ihrer immensen Höhe nicht richtig heizen ließen und die stete Zugluft über kurz oder lang die Gesundheit aller ruinieren werde. Der Sonnenkönig aber ließ keinerlei Änderungen vornehmen, da er fürchtete, sie könnten sein ästhetisches Empfinden beeinträchtigen. Ludwig II., der bayerische Märchenkönig, ging noch einen Schritt weiter. Er wollte Schloss Neuschwanstein nach seinem Tod angeblich gesprengt wissen, auf dass seine Privatgemächer nicht »durch plebejische Neugier entweiht und besudelt« würden. Der Befehl, wenn es ihn denn je gegeben hat, wurde allerdings nie ausgeführt.

Der vorliegende Band ist ein Schau- und Lesebuch, das Anekdoten und Episoden aus der reichen Geschichte dieser Prachtbauten der ganzen Welt herausgreift. Mit Ausnahme des 1950 völlig demolierten Stadtschlosses von Berlin sind alle ausgewählten Objekte zumindest teilweise oder an bestimmten Tagen zu besichtigen. Wir laden Sie ein, die Paläste, Schlösser und Residenzen zu besuchen und die Bühnen des ›Großen Welttheaters‹ zu erleben.

Klaus Reichold

Die fünfstündige Krönungszeremonie blieb nicht ohne Pannen. Der gewohnt verwirrte Erzbischof von Canterbury steckte ihr den Siegelring an den falschen Finger – weshalb sich der Ring später nur unter großen Schmerzen abstreifen ließ. Dann überreichte man ihr den Reichsapfel zu früh. Schließlich stolperte der betagte Lord Rolle vor dem Thron und musste erst wieder auf die Beine gestellt werden, um Ihrer Majestät die Huldigung darbringen zu können. Die 19-jährige Victoria (1819–1901) nahm's mit Humor – wie ihr überhaupt das Leben als Königin leicht und unbeschwert erschien. Sie genoss ihre Selbstständigkeit. Als erste Amtshandlung hatte sie ihr Bett aus dem Zimmer ihrer Mutter entfernen lassen und damit die längst lästig gewordene Schlafgemeinschaft aufgehoben. Unerwünschten Ratschlägen fühlte sie sich

In Windsor angekommen, gingen wir gleich in unsere Gemächer. Albert hatte seinen Windsor-Rock angezogen, nahm mich auf die Knie, küsste mich und war so lieb und zärtlich. Den Rest des Abends verbrachte ich auf dem Sofa, weil ich Kopfweh hatte. Albert tröstete mich. Er gab mir zärtliche Namen, die ich noch nie gehört hatte. Was für eine Wonne!

Königin Victoria von England, Tagebucheintrag vom 10. Februar 1840

aber nach wie vor ausgesetzt. Deshalb kehrte sie London immer häufiger den Rücken – erst recht nach der Hochzeit mit ihrem Vetter, Prinz Albert von Sachsen-Coburg-Gotha. Er mochte den Trubel der Hauptstadt ebensowenig wie sie, die ländliche Natur und das private Glück dafür umso mehr. Zur bevorzugten Residenz des Paares wurde Windsor Castle, das 35 Kilometer westlich von London gelegene Stammschloss des englischen Königshauses. In dem altehrwürdigen Gemäuer hatte Victoria einst keck um die Hand Alberts angehalten. Jetzt verbrachte sie an der Seite ihres Gemahls in Windsor die glücklichsten Tage ihres Lebens. Neun Kinder gingen aus der Ehe hervor, die bald als eine der ganz großen Liebes-

WINDSOR CASTLE
Großbritannien, Windsor,
begonnen um 1078

2

1

geschichten des 19. Jahrhunderts gehandelt wurde. Doch Albert war nicht nur der Märchenprinz Victorias, sondern auch der ›heimliche König‹: »Morgen ist der achtzehnte Jahrestag meiner Hochzeit, die so segensreich für alle in diesem Land war«, schrieb Victoria 1858: »Denn was hat mein geliebter und vollkommener Albert nicht alles getan! Die Monarchie in den Zenit der Hochachtung erhoben und sie beim Volk so beliebt gemacht wie nie zuvor!« Dem Paar waren aber nur noch drei gemeinsame Jahre vergönnt. Am 14. Dezember 1861, mit 42 Jahren, starb Albert, völlig überarbeitet, an Typhus. Die leidenschaftliche Liebe Victorias wandelte sich in namenlose Trauer. Das Sterbezimmer im Osttrakt des ›Upper Ward‹ von Windsor Castle durfte nicht angetastet werden, und die Königin konnte nur schlafen, wenn sie Alberts Nachthemd bei sich hatte. Sie zog sich völlig aus der Öffentlichkeit zurück, fügte sich trotz ihres ausgeprägten Selbstbewusstseins einer parlamentarischen Regierungsweise und verhalf damit dem englischen Bürgertum zu ungeahnter Blüte. Über den Verlust aber kam sie nicht hinweg. Bis an ihr Lebensende trug sie die schwarze Witwentracht. In London ließ sie mit der ›Royal Albert Hall‹ und dem ›Victoria and Albert Museum‹ an ihre große Liebe erinnern. Am ›Lower Ward‹ von Windsor Castle wurde auf ihr Geheiß die einst für Heinrich VII. geplante Gruftkirche in eine ›Albert Memorial Chapel‹ verwandelt, im nahen Frogmore entstand ein pompöses Mausoleum, in dem Albert seine letzte Ruhe fand. Hier wollte auch Victoria begraben werden. Dieser Wunsch wurde der ›Mutter des Empire‹ erfüllt, als sie am 22. Januar 1901 nach 64 Regierungsjahren starb und eine ganze Epoche mit ins Grab nahm. Die Nostalgie hat die ›Viktorianische Ära‹ zu einem goldenen Zeitalter verklärt. Für Victoria dagegen mögen es düstere Jahrzehnte gewesen sein, deren eigentliches Symbol die Witwenhaube war.

1 Prinz Albert, Königin Victoria und die königliche Familie, 1857
2 *Königin Victoria im Krönungsornat*, Gemälde von George Hayter, 1838
3, 4 Windsor Castle ist heute das Stammschloss des englischen Königshauses und eine seiner Sommerresidenzen.
5 Die Türme des ›Norman Gate‹

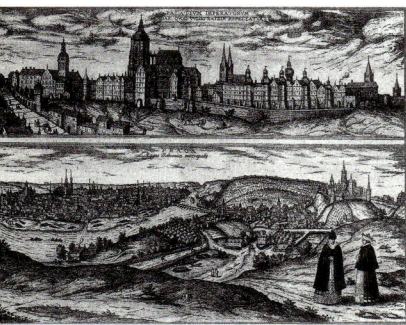

HRADSCHIN–PRAGER BURG
Tschechische Republik, Prag,
begonnen im 9. Jahrhundert

Manchem Zeitgenossen war Rudolf II. (1556–1612), Kaiser des Heiligen Römischen Reiches Deutscher Nation, nicht geheuer. Man munkelte, »der Sonderling auf dem Hradschin«, wie er später genannt wurde, sei ein großer Zauberer und stehe mit dem Teufel im Bunde. Denn er interessierte sich wie kaum ein anderer Herrscher seiner Zeit für alles Geheimnisvolle und Okkulte. Der Glaube an übernatürliche Mächte hatte schon im Frühsommer 1583 eine Rolle gespielt, als Rudolf II. nach siebenjähriger Regierungszeit in Wien seine Residenz nach Prag verlegte. Der Umzug soll auf Anraten seiner Astrologen erfolgt sein, die in der Stadt an der Moldau einen Schmelztiegel magischen Wissens sahen. Ohne die Sternkundigen passierte am Hof Rudolfs II. nichts. Vor jeder Entscheidung pflegte er sie zu konsultieren – und wer von ihm in Audienz empfangen werden wollte, musste erst einmal sein Horoskop vorlegen. Gleichzeitig war der Kaiser der Alchemie verfallen. Aus aller Herren Länder

Als Besitz Seiner Allerdurchlauchtigsten Majestät, des Kaisers Rudolf II., sind in der Prager Burg zu verzeichnen: ein Paar Rhinozeroshörner von magischer Kraft, eiserne Nägel, welche von der Arche Noah stammen, ein Krokodil in einem Futteral, ein zartes Fell, welches in Ihrer Majestät Lager zu Ungarn vom Himmel gefallen, das Gebiss einer Sirene aus dem Ägäischen Meer, ein Totenkopf aus gelbem Achat, ein lebendes Alraunenpaar …

Aus dem Inventar der Kunstkammer Rudolfs II. auf dem Hradschin, 1607–1611

kamen die ›Meister der Scheidekunst‹ nach Prag, um unter den leuchtenden Augen Rudolfs II. im beißenden Qualm zischender und übelriechender Mixturen nach der ›prima materia‹, der Ursubstanz allen Seins, zu forschen. Ihre Laboratorien, so heißt es, hätten sich entlang

des ›Goldenen Gässchens‹ aneinander gereiht, im nordöstlichen Teil des Prager Burgbergs, wo es italienischen Alchemisten schließlich sogar gelungen sei, »84 Zentner Gold und 60 Zentner Silber« herzustellen.

Doch der Kaiser interessierte sich nicht nur für Astrologie und Alchemie. In seinen Gemächern auf dem Hradschin empfing er auch Jehuda Löw ben Bezalel, den Vorsteher der jüdischen Gemeinde von Prag – angeblich, um mit ihm über den Golem zu sprechen, jenes künstliche Wesen, das schon in der Kabbala, den Werken der jüdischen Mystik, beschrieben wird. Außerdem diskutierte er mit Heilkundigen über die medizinische Wirkung von Edelsteinen und mit seinen Hofastronomen Tycho Brahe und Johannes Kepler über die Berechnung der Planetenbahnen. Den Rätseln der Welt auf der Spur, sammelte er alles, worin er einen Baustein der Schöpfung sah: Tonfragmente mit Hieroglyphen, Kristalle – und Fossilien, in denen er Naturkräfte vermutete, die sich auf ihren Besitzer übertragen würden.

Der Hradschin, wegen der vielfältigen Liebhabereien seines ›Hausherrn‹ längst kultureller und intellektueller Mittelpunkt des ganzen Reiches, wurde zur bedeutendsten Wunderkammer des Abendlandes. Und Prag ent-

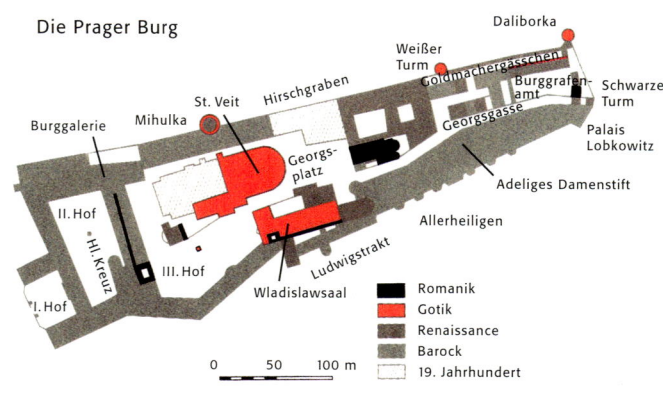

Die Prager Burg

wickelte sich dank der zahllosen kunsthandwerklichen Aufträge Rudolfs II. zur viel gerühmten ›Goldenen Stadt‹. Andererseits fehlten die Mittel für den überfälligen Ausbau der alten, von den Vorfahren ererbten Prager Burg. Lediglich für seine Sammlungen ließ der Kaiser auf dem Hradschin bedeutende Gebäude errichten: die Gemäldegalerie und den Saal der Skulpturen. Außerdem kam der Kaiser wegen seiner grenzenlosen Neugier kaum zum Regieren. Schließlich zwang ihn sein ehrgeiziger Bruder Matthias zur Abdankung und übernahm die Regierung selbst. Als Rudolf II. vier Jahre später in großer Verbitterung auf dem Hradschin starb, zeigte sich sein Bruder verängstigt. Die angeblichen magischen Fähigkeiten des Verstorbenen ließen ihn argwöhnen, der Leichnam sei in Wirklichkeit ein Untoter, würde nachts umgehen und sich an ihm rächen.

3

5

1 *Ansicht der Prager Burg*, Holzschnitt von Joris Hoefnagel, 1595
2 Im ›Goldenen Gässchen‹ befanden sich angeblich die Laboratorien der Alchemisten.
3 Blick über die Moldau auf den Hradschin
4 Das kaiserliche Bankett aus Zehetners Beschreibung des Vliesfestes in Prag, 1585
5 Blick in den Wladislawsaal, der früher für Hoffeste, Ritterspiele und Turniere genutzt wurde

4

Die Höllenfahrt der Monarchie

LOUVRE Paris

1

LOUVRE
Frankreich, Paris, 1190–1870
Baumeister: Pierre Lescot,
Claude Perrault, Louis le Vau,
François d'Orbay, Charles
Lebrun, Jacques Lemercier u.a.

So richtig geliebt haben die französischen Herrscher den Louvre nie. Obwohl seine Geschichte bis ins Mittelalter zurückreicht, diente er nur 150 Jahre lang als königliche Residenz – vor allem im 16. und 17. Jahrhundert, als die zunehmende Prachtentfaltung auch in Paris einer angemessenen Bühne bedurfte. Doch mit Ludwig XIV. verlor der Louvre seine Funktion als Sitz der Monarchie auch schon wieder. Als der Sonnenkönig den Hof nach Versailles verlegte, zog die königliche Akademie in die verlassenen Trakte ein. In den hochherrschaftlichen Gemächern arbeiteten jetzt Künstler, und unter dem Dach lebten Gelehrte wie der Mathematiker und Astronom Jean Sylvain Bailly, der sich in seiner Studierstube eine kleine Sternwarte eingerichtet hatte. Außerdem waren die königlichen Sammlungen im Louvre verblieben, die endlich der Öffentlichkeit zugänglich gemacht werden sollten – eine Forderung des Volkes, die auch der Schriftsteller Denis Diderot unterstützte.

Man schrieb den 18. November 1793. Im Palast des gestürzten Königs eröffneten die Männer der Revolution das ›Zentralmuseum der Künste‹. Sie wollten dem Volk Zugang zu den Zeugnissen der Zivilisation verschaffen. Denn der Fortschritt der Freiheit ist nicht nur einer des Rechts, sondern auch einer der Kultur: Die Zeugnisse der Zivilisation, die Reichtümer künstlerischen Geistes müssen allen Menschen offen stehen.

François Mitterand in *Der Grand Louvre – Geschichte eines Projekts*, 1993

3

Die ersten konkreten Vorschläge für ein ›Zentralmuseum der Künste‹ verschwanden allerdings in der Schublade. Denn in der zweiten Hälfte des 18. Jahrhunderts waren einzelne Trakte des Königspalastes so verfallen, dass man den kompletten Abbruch des Louvre erwog. Außerdem hatte man andere Sorgen: Am 14. Juli 1789 brach die Französische Revolution los. In ihrem Gefolge war Ludwig XVI. gezwungen, in die Hauptstadt zurückzukehren. Denn wenn er an der Macht bleiben wolle, dann müsse

2

er, so hieß es, das Land von Paris aus regieren. Dem Monarchen blieb keine Wahl. Er bezog den Tuilerien-Palast westlich des Louvre. Dort allerdings hatte man nichts vorbereitet. Das Gebäude stand seit 67 Jahren leer. Das Gefolge war ratlos: »Die einen schliefen auf Tischen oder Bänken, anderen gelang es, Feldbetten aufzutreiben. Inmitten dieser hoffnungslosen Karawanserei lebten Ludwig XVI., seine Gemahlin und die Kinder wie in einem Alptraum. Sie erkundeten den Palast von oben nach unten, befahlen nötige Reparaturen und ließen Möbel aus Versailles heranschaffen«, erzählt ein Biograf. Doch die Tage der Monarchie waren gezählt: »Der Schrecken muss jetzt in den Palast eindringen, aus dem er so viele Male hervorgegangen ist«, tobte das Volk. In der Nacht vom 9. auf den 10. August 1792 war es so weit: Mit Steinen, Prügeln und Gewehren machte sich der revolutionäre Mob Richtung Louvre auf, um der französischen Monarchie den Garaus zu machen. Am Tuilerien-Palast kam es zu einem Blutbad. Um die Mittagszeit lagen zwischen den Champs-Elysées und dem Louvre mehr als 2000 Tote. Die Herrschaft der Bourbonen war in einer

Apotheose des Entsetzens zuende gegangen. Der König, der das Gemetzel überlebt hatte, wurde für abgesetzt erklärt und starb unter der Guillotine. Der Louvre aber überstand die Wirren jener Tage. Er wurde sogar restauriert und erweitert. Denn noch im Todesjahr Ludwigs XVI. gründete man das seit langem geforderte ›Zentralmuseum der Künste‹. Schließlich, so die Wortführer der Revolution, seien die Kostbarkeiten aus den königlichen Sammlungen »die schönsten Denkmäler des französischen Genius« und bestens geeignet »zur Förderung der öffentlichen Bildung und Vernunft«. Heute zählt der Louvre zu den reichsten Museen der Welt.

4

1 Der Louvre im Mittelalter: *Grand Retable du Parlement de Paris*, Gemälde, flämische Schule, 15. Jahrhundert
2 *Die letzten Augenblicke Ludwigs XVI.*, anonymer Stich
3 Der Louvre bei Nacht mit der gläsernen Eingangspyramide von Ieoh Ming Pei
4 *Der Louvre zur Zeit Napoleons III.*, Gemälde von Victor-Joseph Chavet, 1857

HOFBURG
Österreich, Wien, ab 1275

Als der Hofbibliothekar aus dem Fenster blickte, traute er seinen Augen nicht. Unten, auf dem groben Pflaster der Wiener Hofburg, fuhr Franz II. (1768–1835), Kaiser des Heiligen Römischen Reiches Deutscher Nation, einen Schubkarren spazieren, in dem der vierjährige Thronfolger saß. Vater und Sohn schienen sich königlich zu amüsieren. Der Hofbibliothekar jedoch – ein ebenso gelehrter wie verdienter Mann – verlor die Contenance: Er riss das Fenster auf und raunzte den Kaiser an, dass sich ein Herrscher »auf nützlichere und anständigere Weise zu beschäftigen« habe. Keine Stunde später hielt er sein Entlassungsschreiben in der Hand. Denn die Habsburger wollten sich als Regenten nicht die Lust am Dasein verderben lassen. So gab auch die Kaiserin auf der Theaterbühne der Hofburg in einem Stück mit dem Titel *Die fürchterliche Hexe Megära* die Protagonistin. Schon bald aber zogen am Horizont die Revolutionskriege herauf.

Der Schein von über 8000 Wachskerzen erleuchtete die zwei größten Säle der Wiener Hofburg. Alle Estraden waren mit Samt bedeckt – hier Rot und Gold, dort Silber und Blau die Farben. Einen dritten Saal hatte man in einen Orangenhain verwandelt. Es gab Thronhimmel für die Herrscher und Mächtigen, Büffets mit den köstlichsten Erfrischungen – und die Orchester spielten Walzer.

Friedrich Anton Freiherr von Schönholz über einen Ball während des Wiener Kongresses, 1844

Als die Franzosen 1805 auf Wien zumarschierten, wurden die Keller der Hofburg in aller Eile zugemauert, um den dort lagernden Wein vor den Feinden zu schützen. Ein Jahr später brach die bisherige staatliche Ordnung Mitteleuropas zusammen. Unter dem Druck Napoleons verzichtete Franz II. am 6. August 1806 auf die römisch-deutsche Kaiserkrone und erklärte das Heilige Römische Reich für erloschen. Damit endete die Geschichte der Wiener Hofburg als Residenz aber nicht. Denn Franz II. hatte schon 1804, parallel zum Heiligen Römischen Reich, das habsburgische Kaisertum Österreich proklamiert, als dessen Herrscher er nun weiterregierte. Er nannte sich jetzt »Franz der Erste, von Gottes Gnaden Kaiser von Österreich, König von Ungarn und Böhmen, Galizien und Lodomerien etcetera, etcetera«. Der Krieg und die Besetzung Wiens durch französische Truppen hatten allerdings fast zum Staatsbankrott geführt. Deshalb blieben die schon lange ausgearbeiteten großartigen Pläne zum Ausbau der Hofburg in der Schublade. Trotz-

dem erlebte die ›Stadt in der Stadt‹, die auf eine 700-jährige Baugeschichte zurückblickt und heute 18 Trakte und 2600 Räume umfasst, unter Franz I. ihre glanzvollsten Tage. Anlässlich des Wiener Kongresses, der 1814/15 unter dem Vorsitz des österreichischen Außenministers Klemens Wenzel Fürst von Metternich tagte, um die Neuordnung Europas nach der Entmachtung Napoleons zu regeln, logierten Dutzende gekrönter Häupter in den zahlreichen Gästeappartements der Hofburg. Insgesamt nahmen 200 Bevollmächtigte verschiedenster Staaten an den Beratungen teil – darunter so exotische Erscheinungen wie der Pascha von Vidin im heutigen Bulgarien, der in Kaftan und Turban erschien. Abends amüsierten sich Kaiser und Könige, Fürsten und Herzöge bei Banketten, Komödien und Reiterspielen; Bälle und Soireen jagten einander in atemloser Folge, der Kongress tanzte. Von den Pflichten des Gastgebers erholte sich Franz I. nach solchen Abenden am liebsten bei der Gartenarbeit. Eines Tages sprach ihn dabei ein Fremder an und stellte ihm – in der Annahme, den Gärtner vor sich zu haben – manche Frage zu Aufzucht und Pflege der verschiedenen Pflanzen, Sträucher und Bäume. Franz I. gab bereitwillig Auskunft. Mit einem Schmunzeln schob der Kaiser auch die zwei Silberlinge ein, die ihm der Fremde zugesteckt hatte.

1 Die österreichische Kaiserkrone, die so genannte Rudolfskrone, in der Schatzkammer der Hofburg
2 Denkmal für Franz I. im ›In der Burg‹ genannten Innenhof
3 Kaiser Franz I. im Krönungsornat
4 Der Michaelertrakt der Hofburg
5 Blick auf die Gesamtanlage der Hofburg

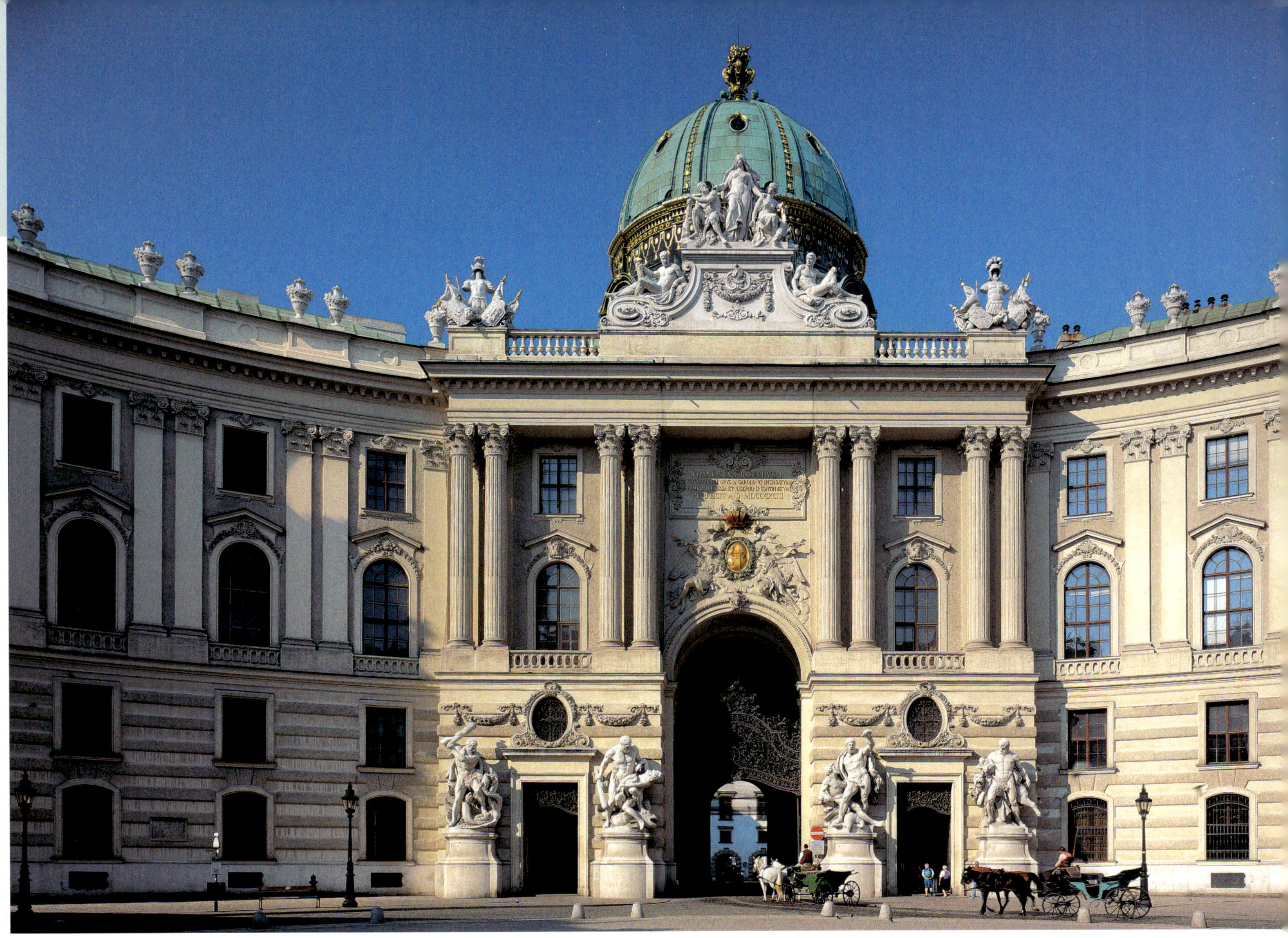

4

5

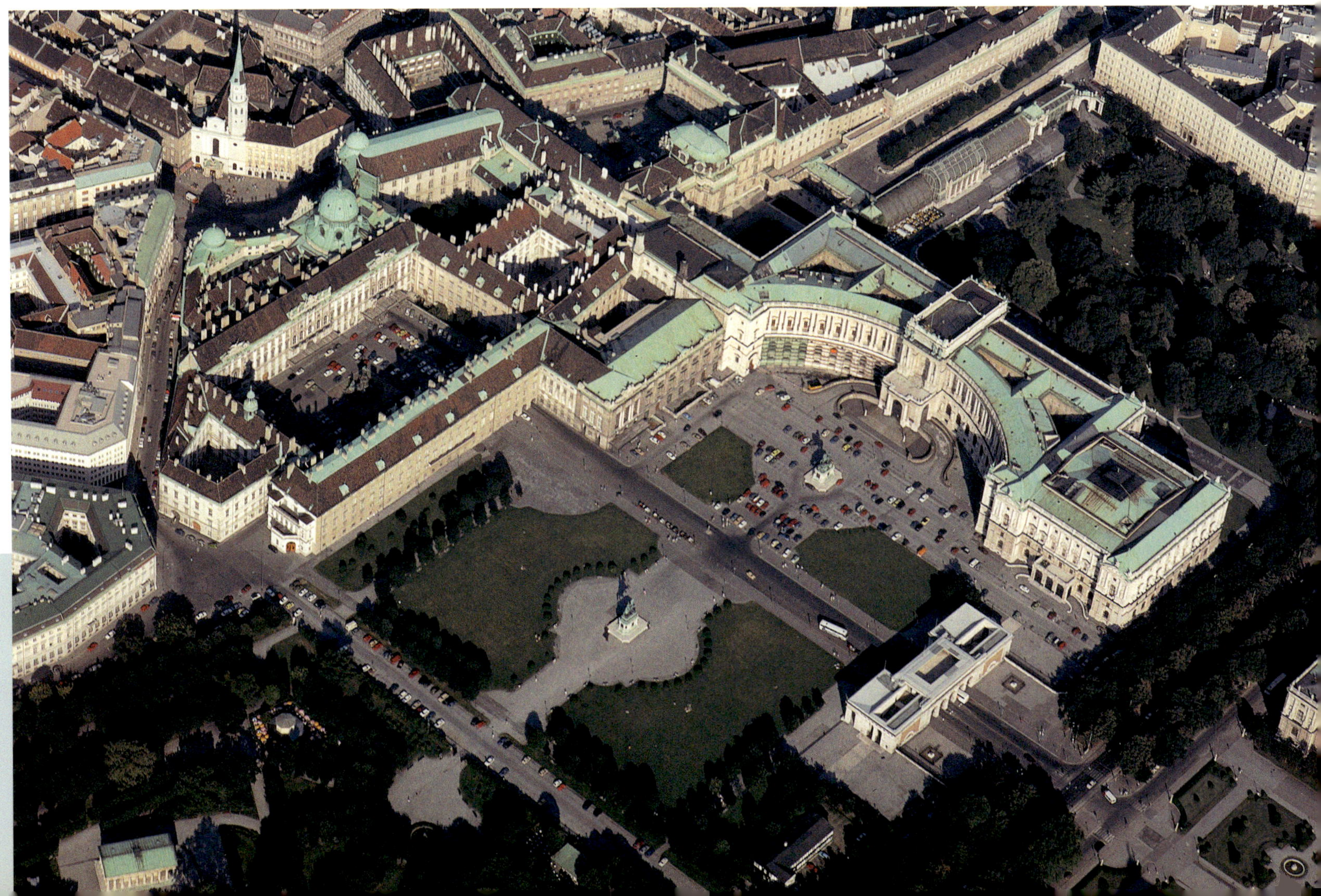

SCHLOSS BLOIS
Frankreich, Blois,
13. bis 17. Jahrhundert
Baumeister: Domenico da
Cortona, François Mansart u. a.

Was wurde Katharina von Medici (1519–1589), der stets schwarz gekleideten Witwe König Heinrichs II. von Frankreich, nicht alles nachgesagt: Sie sei eine Schlange, grausam und skrupellos, umgebe sich mit Magiern, Sehern und ränkesüchtigen italienischen Höflingen, lasse in ihre Schlösser verborgene Treppenhäuser und finstere Verliese einbauen und verfüge über zahlreiche Geheimkabinette, die voll gestopft seien mit Dolchen, Unheil bringenden Amuletten und Gift. Ein solches ›Arsenal des

Für Blois hat Katharina von Medici ihren ganzen Reichtum verschwendet. Selbst der düsterste Hinterausgang ist mit prächtigen Malereien geschmückt, und in den Gemächern lassen sich noch heutigentags jene geschmackvollen Vergoldungen finden, die Katharina aus Italien mitbrachte. Denn die Fürstinnen ihres Hauses liebten es, in Frankreichs Schlössern das von ihren Vorfahren durch Handel erworbene Geld unterzubringen und die Mauern der königlichen Gemächer mit ihrem Reichtum zu zeichnen.

Honoré de Balzac, *Katharina von Medici*, 1842–1848

Bösen‹ vermutete man auch in Schloss Blois, neben Paris die bevorzugte Residenz der Königin. In ihrem dortigen Arbeitskabinett hat sich bis heute die kostbare Wandvertäfelung erhalten, die tatsächlich zu allerlei Spekulationen einlädt. Mehrere der 237 plastischen Holzfüllungen öffnen sich wie von Geisterhand, sobald man auf ein Pedal tritt, das hinter der Fußbodenleiste verborgen ist. Zweifellos hat Katharina von Medici die Geheimfächer benutzt – etwa zur Aufbewahrung von Juwelen, Kunstgegenständen und Dokumenten. Ob sie hier aber wirklich auch Gift und heimtückische Mordwerkzeuge versteckt hatte? Was immer über die temperamentvolle, astrologiegläubige Florentinerin gemunkelt wird – sie trat ebenso majestätisch wie resolut in Erscheinung, war jahrzehntelang die eigentliche Herrscherin Frankreichs und damit eine der mächtigsten Frauen Europas. Und sie hat sich um Frankreich bleibende Verdienste erworben. Denn vieles, wofür das Land heute berühmt ist, geht auf sie zurück.

Als Tochter aus einem der kultiviertesten Häuser Europas brachte Katharina in die neue Heimat Rezepte mit, die die französische Küche revolutionierten. Sie weihte ihre Untertanen in den bislang ungewohnten Umgang mit Messer und Gabel ein, gab dem Ballett am französischen Hof einen festen Platz, ließ Parfüms entwickeln und setzte sogar in Sachen Mode wesentliche Akzente. Doch sie hatte Feinde. Von ihnen wurde sie als »Ausländerin« beschimpft, die nicht einmal königlichen Geblüts sei, sondern aus einer »italienischen Krämersfamilie« stamme. Dieser Opposition, zum einen Teil von der protestantischen Bewegung getragen, begegnete Katharina mit Diplomatie, Intrigen und Gewalt. Sie gilt als Drahtzieherin der blutigen ›Bartholomäusnacht‹, in der mindestens 5000 Hugenotten ihr Leben verloren. Auch Schloss Blois wurde zum Schauplatz dramatischer Ereignisse. Im zweiten Obergeschoss, im ›Gemach des Königs‹, fiel mit dem Herzog von Guise am 23. Dezember 1588 der Wortführer der Adelsopposition einem Mordanschlag zum Opfer. Seine Leiche verbrannte man in einem der großen Kamine. Dass Katharina bei diesem Komplott ihre Hände im Spiel hatte, ist allerdings eher unwahrscheinlich. Fettleibig und bronchitisch geworden, hütete sie an jenem Tag ein Stockwerk höher das Bett. Am Vorabend des Dreikönigstages 1589, zwölf Tage nach dem Tod des Herzogs von Guise, starb Katharina von Medici an den Folgen einer Lungenentzündung. Der Spott ihrer Gegner verfolgte sie über das Grab hinaus, wie man den Memoiren eines Zeitgenossen entnehmen kann. Er schreibt: »Nach ihrem Hinscheiden sprach man von ihr nicht viel mehr als von einer toten Ziege.«

1 Die von 1515 bis 1524 erbaute
  Loggienfassade
2 *Das Schloss Blois und seine
  Gärten*, aus: *Les plus excellents
  bastiments de France* von Jacques
  Androuet Du Cerceau, 1576
3 Blick in das Arbeitskabinett der
  Katharina von Medici
4 Die prunkvolle Ehrentreppe aus
  der Zeit Franz' I.

4 >

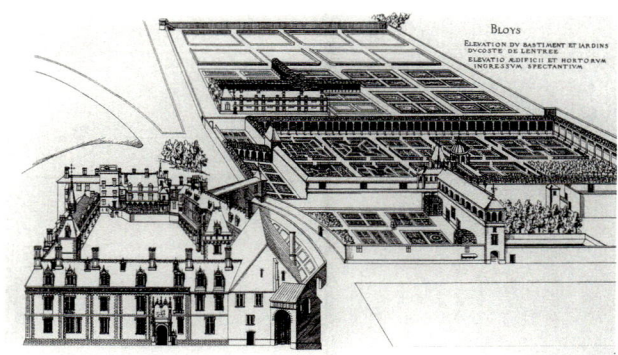

2

1

3

ALHAMBRA
Spanien, Granada,
Baubeginn 1300 unter
Ibn al-Ahmar, Umbau
1333–1354 unter Jusuf I.

Dem amerikanischen Schriftsteller Washington Irving (1783–1859) war die Sache nicht geheuer. Man hatte ihn gewarnt, dass in den längst verlassenen, teilweise ruinösen Gemächern der Alhambra allerlei lichtscheues Gesindel hause. Außerdem kannte er die Legende, wonach der Erbauer des ehemaligen, hoch über Granada gelegenen Königspalastes ein großer Zauberer gewesen sei und seine Seele dem Teufel verkauft habe. Seither, so heißt es, entscheide der Fürst der Hölle über das Schicksal der Alhambra und könne jederzeit den Daumen senken. Dann stürze die inzwischen verblichene Pracht in Schutt und Trümmer und begrabe nicht nur alle Geschichte unter sich, sondern auch ihre Besucher. Irving ließ sich aber nicht beirren. Sein französischer Schriftstellerkollege François René de Chateaubriand hatte 1807 anlässlich eines Besuches in Granada notiert, die Alhambra sei trotz ihres heruntergekommenen Zustands ein »Feenmärchen, reine Magie, Herrlichkeit, Liebe«. Irving wollte dies selbst erleben, und so marschierte er im Mai 1829 den angeblich verhexten Torweg hinauf. Wohlbehalten kam er oben an – und war überwältigt: »Niemand kann sich die Herrlichkeiten vorstellen, die der nach außen so ärm-

lich scheinende Palast in sich birgt. Den wohl vollkommensten Begriff von der ursprünglichen Schönheit und Pracht gibt der Löwenhof. Die Alabasterschalen seines Brunnens gießen noch immer ihre diamantenen Tropfen aus, wie zur Zeit der maurischen Könige.« Als Literat sah Irving in der Alhambra aber nicht nur ein Meisterwerk islamischer Architektur, sondern auch einen Schauplatz gelebter Geschichte. Er schrieb alle Sagen und Historien auf, derer er habhaft werden konnte, und veröffentlichte sie unter dem Titel *Erzählungen von der Alhambra*. Das zweibändige Werk, das unter anderem die Ermordung von 36 Kavalieren in einem Seitentrakt des Löwenhofes schildert, wurde zu einem Bestseller der Reiseliteratur, riss die Alhambra aus ihrem Dornröschenschlaf und machte Granada zu einer Hochburg des internationalen Fremdenverkehrs. Wovon heutige Touristen träumen, das war Irving vergönnt: Er wohnte während seiner Recherchen mehrere Wochen in leergeräumten Gemächern des einstigen Königspalastes. Ob moderne Reisende allerdings auch die Erfahrungen Irvings teilen möchten, darf bezweifelt werden. Des Nachts allein in der Alhambra, wurde er ein Opfer der Geister, die er gerufen hatte. Er glaubte, »klagende Töne und Schreie, tiefes Stöhnen und tobendes Brüllen« zu hören, und war sich sicher, von den Schatten der 36 hingerichteten Kavaliere heimgesucht zu werden. »Erst die durchs Fenster fallenden Sonnenstrahlen weckten mich morgens auf und zeigten mir meine Umgebung in ihrer vollen Schönheit und Herrlichkeit, so dass ich mich kaum der Trugbilder erinnerte, die in der vergangenen Nacht mein Gemüt belasteten.«

> *Der besondere Reiz dieses alten, träumerischen Palastes liegt in der ihm innewohnenden Macht, Bilder aus der Vergangenheit hervorzuzaubern, die die nackte Wirklichkeit hinter dem schönsten Schleier der Illusion verbergen. Da es mir Freude macht, auf solchen Pfaden zu wandeln, suchte ich mit Vorliebe jene Trakte der Alhambra auf, die zum Träumen einluden und dieses schöne Schattenspiel des Geistes förderten.*
>
> Washington Irving, *Erzählungen von der Alhambra*, 1829

1

1 Die Alhambra vor den schneebedeckten Ausläufern der
  Sierra Nevada
2 Im 18. Jahrhundert verfiel die Alhambra. Stich aus dem
  19. Jahrhundert
3 Der Löwenhof, das Herz der Alhambra

2

Die finstere Republik
DOGENPALAST Venedig

1

Jahrhundertelang war Venedig eine Weltmacht, »reich an Gold, noch reicher aber an Ruf und Namen«, wie der Humanist Francesco Petrarca notierte. Das lag zum einen am blühenden Handel: »Kostbare Waren aus allen Ländern der Welt zirkulieren in dieser herrlichen Stadt wie der Strahl, der aus den Fontänen springt«, hieß es schon 1267. Gleichzeitig gebot Venedig aber auch über die größte Kriegsflotte des Abendlandes. Die Galeeren mit ihren Tausenden von Seeleuten und tapferen Streitern sorgten im ganzen Mittelmeerraum für die Sicherheit der venezianischen Kaufleute – sei es in den Häfen, sei es auf den Seehandelsrouten zwischen Orient und Okzident. Gleichsam nebenher eroberten venezianische Truppen Dalmatien, Istrien, Kreta, Zypern und den Peloponnes,

Ein merkwürdiges Prachtstück ist der Dogenpalast, der aber schon in seinem Äußeren deutlich ausdrückt, dass ein Doge von Venedig kein seinen Launen und Vergnügungen raumgebendürfender Fürst, sondern der oberste Beamte einer finsteren, strengen Republik war, die ihm diese Säle nur zur Verfügung stellte, wie etwa eine andere Stadt ihrem Bürgermeister den dritten Stock ihres Rathauses als Dienstwohnung.

Joseph Victor von Scheffel, *Gedenkbuch Tobolino*, 1855

außerdem fast die Hälfte des Byzantinischen Reiches. Schließlich expandierte die Seerepublik sogar im eigenen Hinterland und verleibte sich nahezu das gesamte heutige Norditalien ein. Damit stand Venedig am Gipfel seines Ruhmes. Alle Fäden liefen im Dogenpalast zusammen – in jenem prachtvollen Gebäude, von dem Hippolyte Taine sagte, es wirke vor der Kulisse der Lagunen-

DOGENPALAST
Italien, Venedig,
um 1350–1550
Baumeister: Filippo Calendario,
Giovanni und Bartolomeo Bon,
Antonio Rizzo u. a.

2

3

stadt wie »ein einzigartiger Diamant in der Mitte eines Schmuckstücks«. Und doch galt der Doge, das auf Lebenszeit gewählte Staatsoberhaupt der Republik Venedig, nach Ansicht der Zeitgenossen als »armer Hund«. Seine prunkvollen Gemächer im Ostflügel konnten nicht darüber hinwegtäuschen: Das eigentliche Sagen hatten die Kaufleute. Sie fällten ihre Entscheidungen im ›Saal des großen Rates‹, dem imposanten, rund 2000 Personen fassenden Herzstück des Dogenpalastes, wo man bereits 1506 darüber nachdachte, den tatsächlich erst im 19. Jahrhundert realisierten Suezkanal zu bauen. Die Dogen standen bei solchen Konsultationen eher am Rande. Denn sie waren »nicht die Herren, sondern die mit Ehren geschmückten Sklaven der Republik«, wie es schon bei Petrarca heißt. Insofern mag ihnen auch ihr großartiger Palast, der mit seinem säulengeschmückten Unterbau und dem darüber liegenden Marmorblock geradezu als Sinnbild der ›Stadt auf den Pfählen‹ wirkt, weniger als Residenz denn als Gefängnis vorgekommen sein. Denn sobald sie im Innenhof des Dogenpalastes, auf der obersten Stufe der Gigantentreppe, ihren Amtseid abgelegt hatten, begann für die Erwählten ein Leben voller Entbehrungen. Sie durften den Palast nur zur Ausübung von Amtsgeschäften verlassen, ihre Post wurde kontrolliert. Es war ihnen untersagt, sich an Handelsunternehmungen zu beteiligen, privaten Besuch zu empfangen und Geschenke anzunehmen – außer Blumen, Duftkräuter oder Rosenwasser. »Als ich gewählt wurde, erfasste mich ein derartiges Angstgefühl, dass ich kaum wusste, was ich tat«, bekannte denn auch Ludovico Manin, der 120. Doge der Republik. Mit ihm ging die Weltmacht Venedig schließlich zugrunde. Als Napoleon 1797 mit seinem Heer vor der Stadt auftauchte, gab Ludovico Manin anlässlich einer Versammlung des ›Großen Rates‹ im gleichnamigen Saal die Dogenmütze zurück und sprach dabei die denkwürdigen Worte: »Sie wird nun ja nicht mehr gebraucht«. Ob das Gremium ahnte, dass dies seine letzte Zusammenkunft sein würde, war an den Mienen der Ratsmitglieder nicht abzulesen. Denn entsprechend der Jahreszeit trugen die meisten der Herren Karnevalsmasken.

5

1

KAISERPALAST
China, Peking,
begonnen um 1300,
wesentlich ausgebaut
im 17. Jahrhundert

Der kaum dreijährige P'u-i (1906–1967) hatte einen hochroten Kopf, er heulte, strampelte und schrie: »Ich will nach Hause!« Nur unter Mühen gelang es, den energischen Jungen am Davonlaufen zu hindern: Kräftige Arme drückten ihn in die golddurchwirkten Polster seines prunkvollen Sitzmöbels zurück. »Dann begann das Defilee der Würdenträger. Einer nach dem anderen erwies mir seine Huldigung mit den vorgeschriebenen drei Verbeugungen und neun Kotau. Doch je länger sich die Zeremonie hinzog, desto vernehmlicher wurde mein erneut aufflammender Protest«, erinnert sich P'u-i in seinen Memoiren. Aber es half nichts, erst nach Stunden ging die Inthronisation zuende. P'u-i war jetzt Kaiser von China – und damit auch Herr über die ›Verbotene Stadt‹. Der gewaltige, von einer sieben Meter hohen Mauer umgebene Palastkomplex im Herzen von Peking – eine ›Stadt in der Stadt‹, in der bis zu 20 000 Beamte und Bedienstete lebten – durfte nur von den Angehörigen des Hofes betreten werden. Für das ›gemeine Volk‹ war die weitläufige Anlage mit ihren Tor- und Palastbauten, mit ihren Brunnen, Plätzen und Zeremonienhallen tabu. Denn nach alter Überlieferung galt der Wohn- und Regierungssitz der chinesischen Herrscher nicht nur als Zentrum irdischer Macht, sondern auch als Kristallisationspunkt transzendenter Kräfte. Man glaubte, die ›Verbotene Stadt‹ folge einem göttlichen Grundriss und sei ein Spiegelbild des Kosmos. Es hieß, ihre Bauten repräsentierten die Erde, den Himmel und die wichtigsten Gestirne. Für den eigentlichen Mittelpunkt der Welt hielt man den Kaiser selbst. Er allein sei in der Lage, zwischen Diesseits und Jenseits, Oben und Unten, Yin und Yang zu vermitteln und die Harmonie der Gesellschaft durch eine strenge, himmlische Ordnung zu garantieren. Diese Ordnung war seit der Thronbesteigung P'u-is allerdings nicht mehr von Bestand: Obwohl der kleine Kaiser völlig abgeschirmt von der Außenwelt aufwuchs und die ›Verbotene Stadt‹ nie verließ, gebärdete er sich ebenso lebhaft wie andere Kinder seines Alters: »Jeder meiner Schritte unterlag dem Zeremoniell. Selbst wenn ich die kaiserlichen Gärten zum Spielen aufzusuchen wünschte, begleiteten mich Dutzende von Eunuchen mit Baldachinen, Teekannen, Keksdosen und vergoldeten Zinnoberpillen gegen die Hitze. Der prächtige Zug bewegte sich stumm, würdevoll und in strenger hierarchischer Ordnung. Wehe aber, wenn ich zu laufen begann. Dann hastete und stolperte die ganze Prozession hinter mir her, bis die Eunuchen keuchend nach Luft schnappten und alles in heillose Verwirrung geriet.« Auch später ging P'u-i nicht immer konform mit der jahrhundertealten Etikette. Zum Missvergnügen seiner Hofbeamten schaffte er sich ein Fahrrad an und ließ im ganzen Palastareal die hölzernen Türschwellen absägen, weil sie ihn bei der Ausübung seines neuen Lieblingssports behinderten. Volljährig geworden, bestand er auf der Installation eines Telefons. Die Hofbeamten konstatierten »den Verlust der unantastbaren Würde des Himmelssohnes« – und sahen das baldige Ende kommen. Am 5. November 1924 war es so weit: P'u-i, der letzte Kaiser von China, wurde von der revolutionären Bewegung aus seinem Palast vertrieben. Den Luxus vermisste er wohl, das lästige Zeremoniell aber war er los. Bevor er 1967 als einfacher Bürger Pekings starb, sagte er, er fühle sich jetzt – im Gegensatz zu seiner Zeit auf dem Kaiserthron – als freier Mann.

Nirgendwo kommen die Zeremonien so würdevoll und feierlich daher wie in der Verbotenen Stadt in Peking. In einer hohen, von roten Säulen getragenen Halle, in der das grelle Tageslicht durch blaue Tücher abgeblendet ist, thront unbeweglich wie ein Götzenbild der knabenhafte Kaiser. Große Pfauenwedel umgeben ihn, bronzene Vasen, Löwenfiguren und große Schalen mit duftenden Äpfeln. Der Eindruck ist so fremdartig, dass man die große Schar der Höflinge im Hintergrund vergisst.

Gerhard von Mutius, deutscher Botschafter in Peking, in einem Brief vom 16. Mai 1908

1 Tor der Geisterkrieger
2 Halle der Kaiserlichen Seelenruhe
3 Kaiserlicher Garten
4 Tor der Irdischen Ruhe
5 Sechs Westliche Paläste
6 Palast der Irdischen Ruhe
7 Halle der Gemeinsamen Muße
8 Palast der Himmlischen Klarheit
9 Halle der Pflege des Herzens
10 Tor der Himmlischen Klarheit
11 Palastanlage der Ruhe und Langlebigkeit
12 Halle der Gewahrten Harmonie
13 Halle der Mittleren Harmonie
14 Halle der Höchsten Harmonie
15 Tor der Höchsten Harmonie
16 Mittagstor

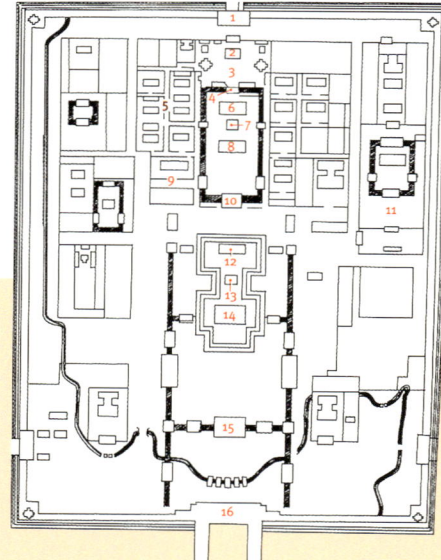

1 Der sechsjährige Kaiser P'u-i
2 Blick auf die verbotene Stadt
3 Die Hallen der Mittleren, der Höchsten und der Gewahrten Harmonie stehen auf einer dreistufigen Marmorplattform.
4 Der Thron in der Halle der himmlischen Reinheit, auf dem der Kaiser bei offiziellen Zeremonien saß

2

3   4

STADTSCHLOSS
Deutschland, Berlin,
1443–1852
Baumeister: Caspar Theyss,
Hans Räspel, Graf Rochus
zu Lynar, Andreas Schlüter,
Johann Friedrich Eosander
von Göthe, Martin Heinrich
Böhme, August Stüler,
Albert Schadow u. a.

Das ganze Schloss stand voller Kisten. Prunkuhren und Tafelaufsätze, Gobelins und Gemälde, Sessel und Schreibsekretäre – alles, was nicht niet- und nagelfest war, wurde verpackt und abtransportiert. Denn seit Ausbruch des Zweiten Weltkriegs am 1. September 1939 rechnete man mit dem Schlimmsten: mit Bombardements aus der Luft. Und so kam es. Als am Vormittag des 3. Februar 1945 mehr als 1500 Flugzeuge den bis dato schwersten Luftangriff auf die Hauptstadt des Deutschen Reiches flogen, stand der Himmel über Berlin in Flammen. Auch das Schloss brannte in weiten Teilen aus. Doch auch wenn das Innere überwiegend zerstört war – die meterdicken Mauern hatten der Hitze getrotzt, so dass der Ordinarius für Kunstgeschichte an der Humboldt-Universität noch im August 1950 über das Schloss sagen konnte: »In Ruinen steht es da: noch immer von einer faszinierenden Wucht und Monumentalität, ein Repräsentant des spezifisch norddeutschen Barock, der sich Michelangelos Petersdom in Rom und dem Louvre in Paris würdig zur Seite stellt.« Zu diesem Zeitpunkt

Auf Befehl der kommunistischen Machthaber wurde am Donnerstag vormittag das Berliner Stadtschloss gesprengt. Damit ist – ohne sachliche Notwendigkeit – der schönste Berliner Profanbau zerstört worden.

Der *Tagesspiegel* vom 8. September 1950

allerdings war der Abriss des eindrucksvollen Torsos längst beschlossen. Im Auftrag der kommunistischen Machthaber Ostdeutschlands war ein Thesenpapier formuliert worden, wonach das Schloss ein Symbol des Imperialismus, des Junkertums und der Leibeigenschaft sei und der geplanten Neuordnung der Hauptstadt der DDR im Weg stehe. Die Entrüstung war groß. In Ost

und West erinnerte man an die bewegte Geschichte der einstigen Residenz, die 1451 bezogen worden war und so vieles gesehen hatte: den Aufstieg der Kurfürsten von Brandenburg zu Königen von Preußen und deutschen Kaisern, den großzügigen Ausbau durch die namhaften Barockbaumeister Andreas Schlüter und Johann Friedrich Eosander von Göthe, den Aufruf Kaiser Wilhelms II. zum Ersten Weltkrieg, das Ende der Monarchie und – während der nationalsozialistischen Herrschaft – den Einzug der ›Reichskulturkammer der Bildenden Künste‹, die von hier aus das Kesseltreiben gegen die so genannte ›entartete Kunst‹ in Gang setzte. Doch alle diese Erinnerungen sollten ein für allemal getilgt werden. Als am 30. Dezember 1950 um 15 Uhr mit der imposanten Kuppel auch der letzte Rest des Schlosses in einer riesigen Staubwolke niedergesunken war, wurde das über 23 000 Quadratmeter große Gelände planiert und in einen ›Aufmarschplatz‹ verwandelt, der zum größten Parkplatz Ostberlins verkam. Daran änderte sich auch nichts, als 1976 auf der östlichen Hälfte des einstigen Schlossareals der ›Palast der Republik‹ errichtet wurde. Die Mitte Berlins hatte kein Gesicht mehr. Deswegen entbrannte nach der Wiedervereinigung der beiden deutschen Staaten auch ein heftiger Streit darüber, wie es mit dem freigeräumten Areal weitergehen solle. Inzwischen scheint die Frage geklärt: Am 4. Juli 2002 hat der Deutsche Bundestag für den Wiederaufbau des Schlosses gestimmt.

1 Rittersaal im Stadtschloss
2 Luftbild der Berliner Altstadt vor 1945 mit dem Stadtschloss im Zentrum
3 Kurfürstenbrücke und Stadtschloss, 1898
4 Schlossattrappe vor dem Palast der Republik, 1995
5 Modell des Stadtschlosses, Westseite

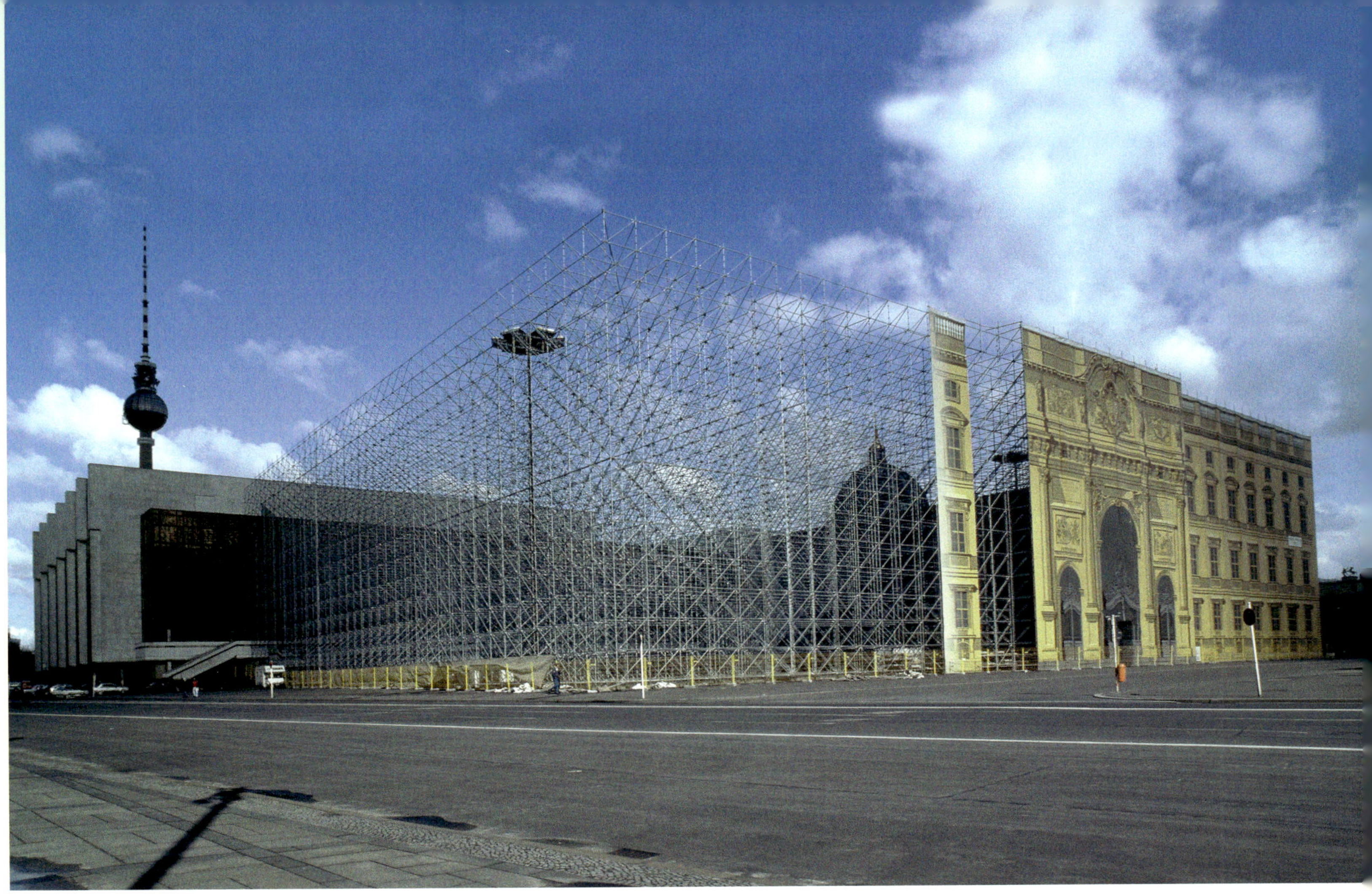

4

5

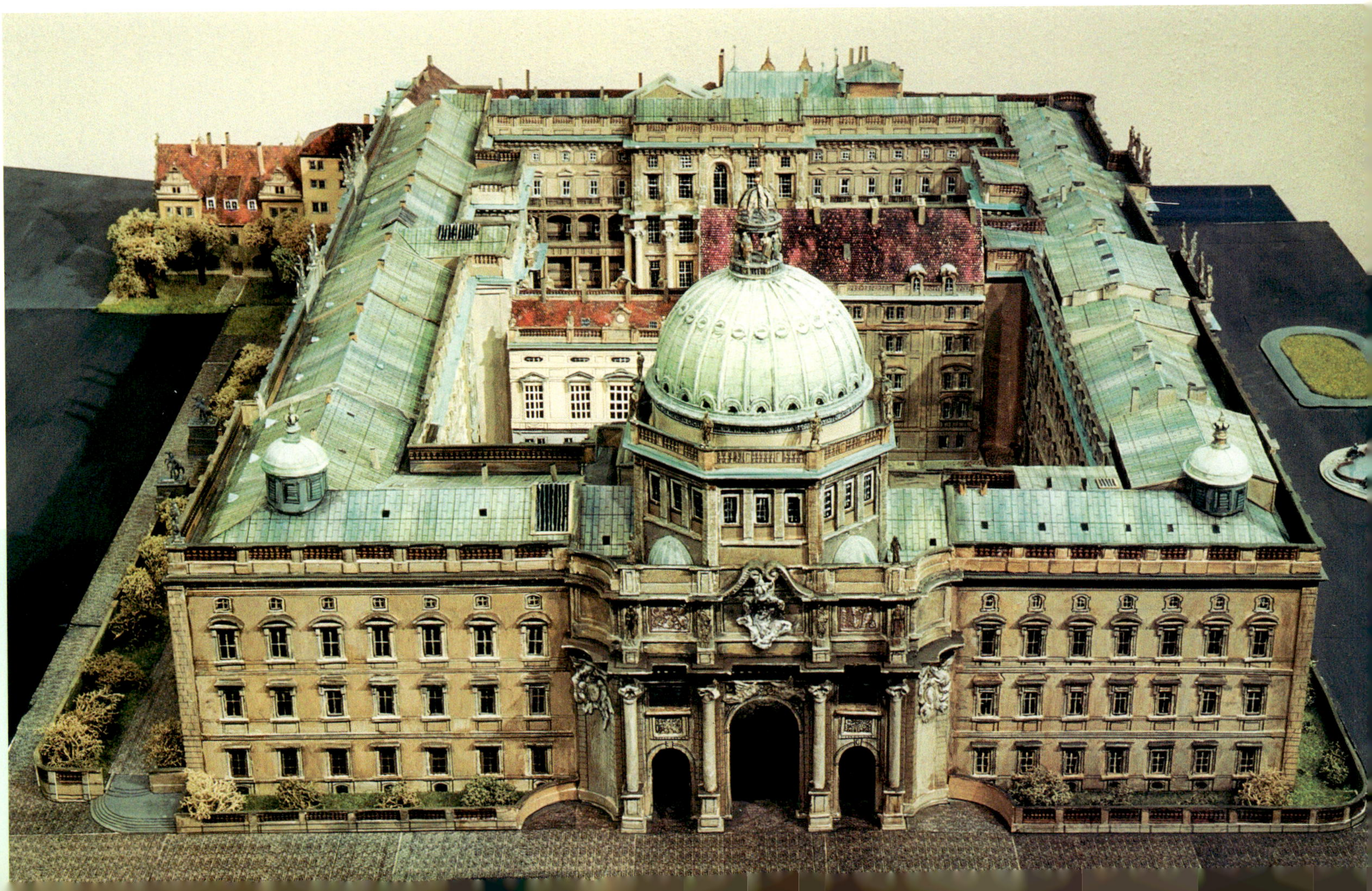

1

Man möchte gar nicht wissen, was der Familienrat in den Borgia-Gemächern, mit denen Papst Alexander VI. (1430–1503) den Ausbau des Vatikanischen Palastes zur glanzvollsten Residenz des 16. Jahrhunderts vorantrieb, alles ausgeheckt hat. Denn es gab kaum ein Verbrechen, mit dem dieser Pontifex Maximus nicht in Verbindung gebracht worden wäre. Die grandiosen Wand- und Deckenmalereien lassen zumindest ahnen, als was sich der ›unheiligste aller Päpste‹ sah: als Alchemist, der Blei in Gold verwandeln konnte und als Inkarnation Alexanders des Großen, der einst von der Weltherrschaft geträumt hatte. Letzteres freilich blieb ihm verwehrt. Auch sein Plan, den Stuhl Petri als erbliches Amt für seine Familie zu reklamieren, wurde erfolgreich durchkreuzt. Als am 29. Juni 1500 das nagelneue Gewölbe der

Es gibt in Rom keinen zweiten Ort, an dem man sich so sehr in die Renaissance zurückversetzt fühlt, wie in den Borgia-Gemächern im Vatikanischen Palast. Wenn tagsüber nur das Plätschern des Springbrunnens unten im Hof zu vernehmen ist, leben die Menschen, die ihr Dasein in diesen Räumen verbracht haben, plötzlich wieder auf: Da schreitet Papst Alexander VI. in seinen Brokatgewändern über den Majolikaboden, da umspielt die Sonne das blonde Haar seiner Tochter Lucrezia, da präsentiert sich sein Sohn Cesare in goldschimmernden Rüstungen.

Evelyn Marc Phillips nach der Wiedereröffnung der Borgia-Gemächer, 1897

VATIKANISCHER PALAST
Italien, Rom, 1450–1822
Baumeister: Antonio da Firenze, Bernardo Rossellino, Antonio del Pollaiuolo, Donato Bramante, Raffael u. a.

›Sala dei Pontefici‹ einstürzte und Alexander VI. beinahe erschlug, sah man in diesem Ereignis einen Fingerzeig Gottes.

Es war die Zeit der Renaissance. Als unumschränkte Herrscher des Kirchenstaates gefielen sich die Päpste in der Rolle prachtliebender Fürsten. Alexander VI.

stammte aus dem Geschlecht der spanischen Borgia und gilt wegen seiner Skrupellosigkeit als größter Unglücksfall in der Geschichte des Papsttums. Schon seine Wahl war ein Skandal. Sie gründete keineswegs auf den Eingebungen des Heiligen Geistes, sondern auf Bestechung. Kaum auf dem Stuhl Petri, missbrauchte Alexander VI. sein Amt wie kein zweiter Papst dazu, Familienangehörige, allen voran seine leiblichen Kinder, mit allerlei Ämtern und Würden zu versorgen. Trotz des Zölibats hatte er von verschiedenen Frauen mindestens sieben Kinder, die ohne jede Heimlichkeit im Vatikan ein- und ausgingen. Die römische Bevölkerung wunderte sich längst nicht mehr. Schließlich war schon Innozenz VIII., der Vorgänger Alexanders, den Frauen zugetan gewesen und hatte seine Töchter mit großem Gepränge im Prunkhof des Vatikanischen Palastes verheiratet. Auch sonst gönnten sich die Stellvertreter Christi in jenen Tagen in vieler Hinsicht ein Laisser-faire: Das Lesen der Messe überließen sie ihren Kardinälen, um der Jagd oder anderen Lustbarkeiten zu frönen. Und wenn sie ihren geistlichen Pflichten doch einmal nachkamen, geriet selbst die Fronleichnamsprozession zum ausgelassenen Spektakel: Vor Alexander VI., der die Monstranz trug, tanzten Narren durch die Gassen der ›Ewigen Stadt‹.

1503, nach dem Tod des Papstes, war die Erleichterung groß. Man bemühte sich, alle Erinnerung an ihn zu tilgen. So wollte auch keiner seiner Nachfolger in den Borgia-Gemächern wohnen: Die prunkvollen Räume verfielen wie ihr Bauherr der ›damnatio memoriae‹ und dienten jahrhundertelang als Abstellkammern.

1 Papst Alexander VI., Stich
2 Dekoration mit dem Wappen von Papst Alexander VI. im Saal der Wissenschaften und der Freien Künste in den Borgia-Gemächern. Von Antonio da Viterbo, gen. Pastura, 1492–1495
3 Der Pinienhof, über den der Zugang zu den Borgia-Gemächern erfolgt
4 Blick von St. Peter auf den Vatikanischen Palast

2

1 Petersplatz
2 St. Peter
3 Sixtinische Kapelle
4 Vatikanischer Palast
5 Belvedere-Hof
6 Pinienhof
7 Sakristei von St. Peter
8 Campo Santo Teutonico

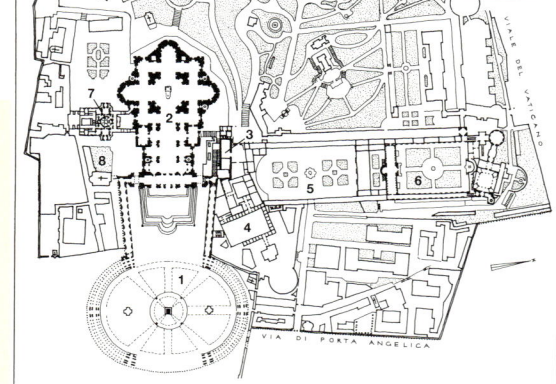

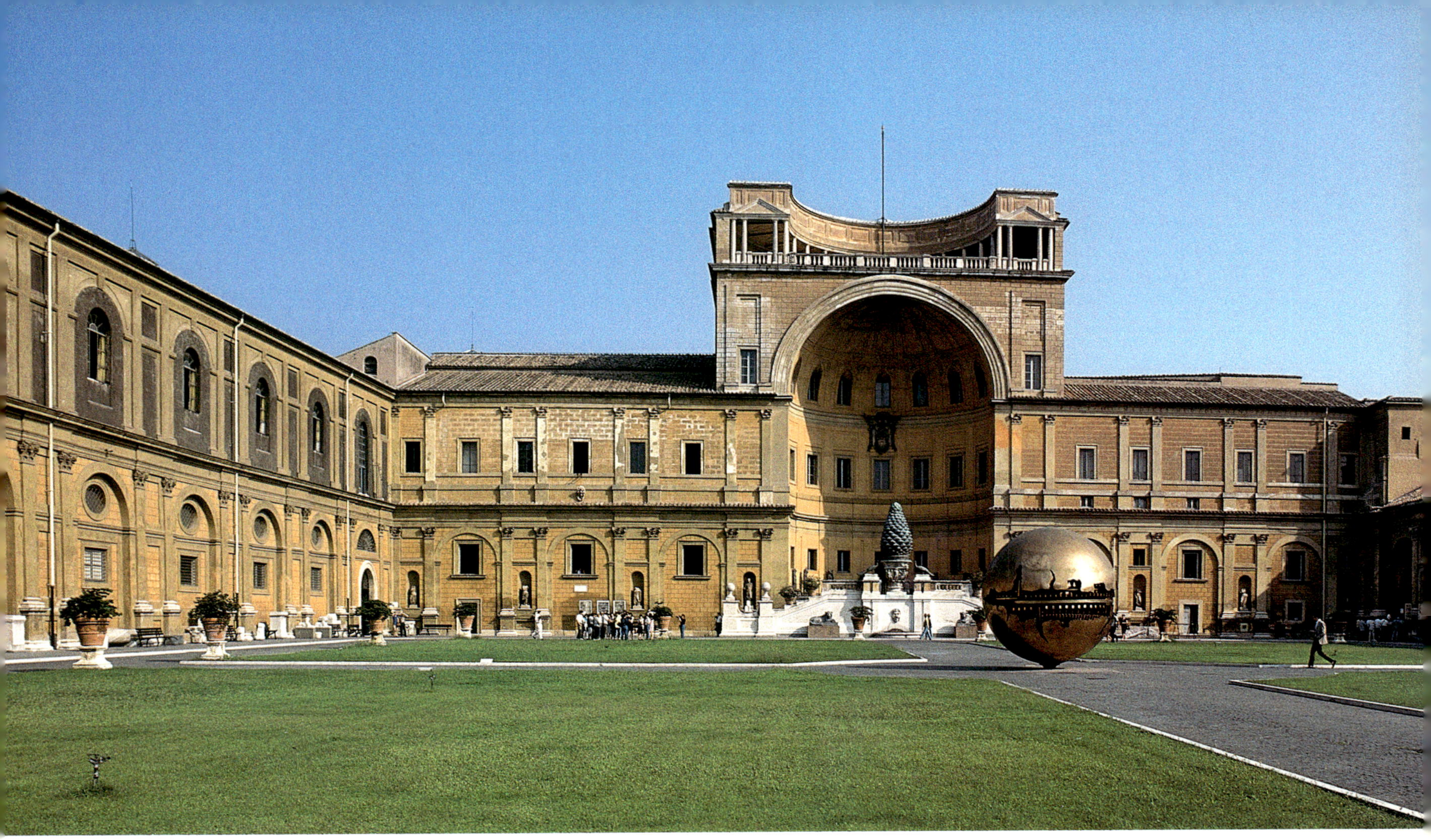

3

4

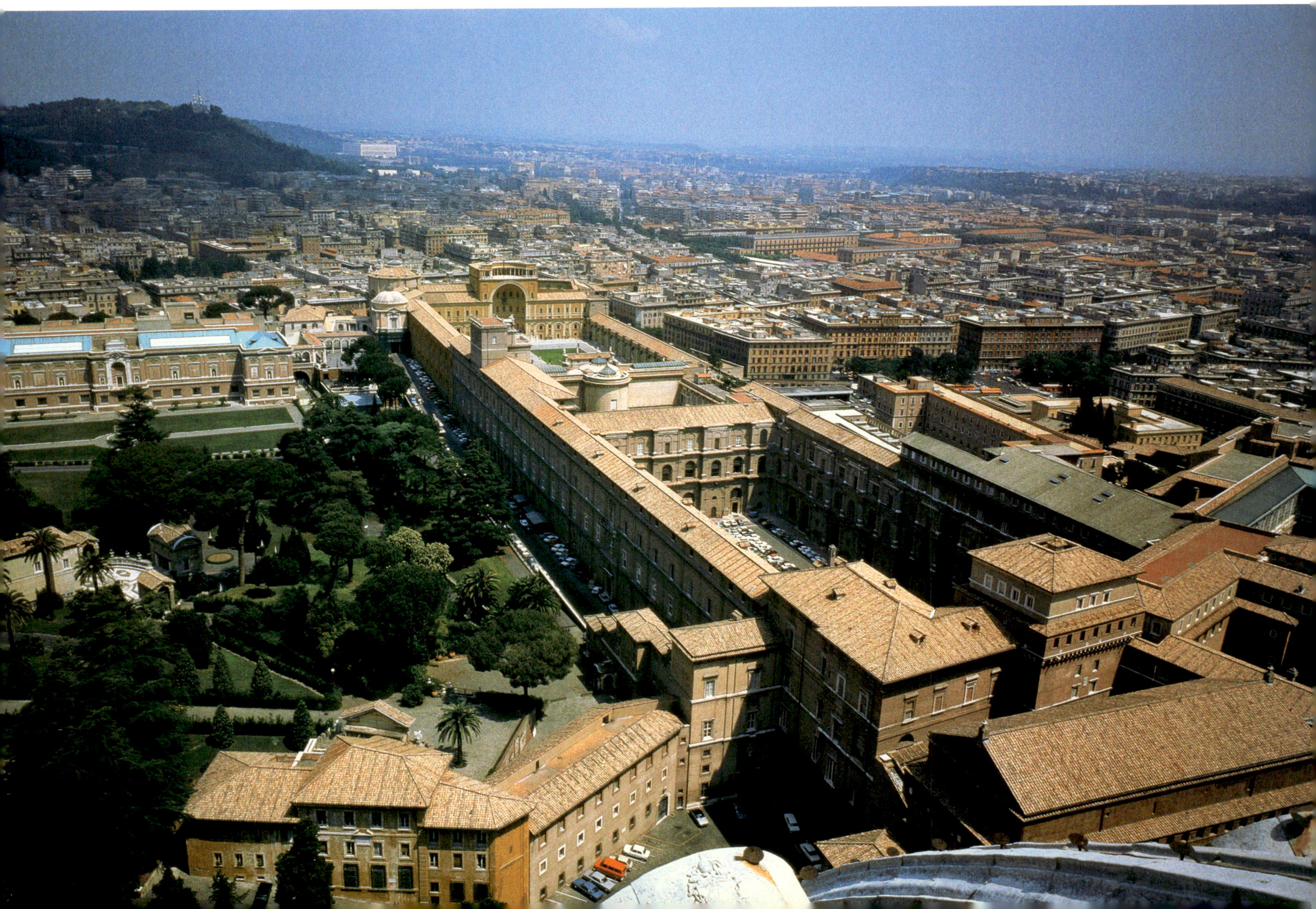

PALAZZO PITTI
Italien, Florenz, 1457–1896
Baumeister: Luca F(r)ancelli,
Bartolomeo Ammannati,
Alfonso und Giulio Parigi,
Giuseppe Ruggieri, Gaspare
Paoletti u. a.

Böse Zungen behaupten, er habe nur gearbeitet, um ein möglichst großes Vermögen anzuhäufen und seinen Reichtum zur Schau zu stellen. Das war freilich schon immer die beste Voraussetzung dafür, in die Geschichte der Kunst einzugehen. Und das gelang dem florentinischen Kaufmann Luca Pitti denn auch. Der imposante Wohnsitz am linken Arno-Ufer, der noch heute Pittis Namen trägt, wurde zu einem der mächtigsten Stadtpaläste von Florenz. In der beeindruckenden Wucht des im Laufe der Jahrhunderte erweiterten Baus sah Friedrich Nietzsche ein Paradebeispiel des »großen Stils«. Mit Mies van der Rohe und Le Corbusier standen auch Vertreter der Moderne ehrfürchtig staunend vor der Fassade mit ihrem zyklopisch anmutenden Mauerwerk. Bei anderen erregte der Palazzo Pitti Abscheu. Er sei »furchteinflößend« und »beängstigend«, kurz: »der schroffste und

Was war das für ein sonderbarer erster Nachmittag, den wir in Florenz zubrachten! Längs des Arno eilten wir zur Brücke der Dreifaltigkeit, von da zu San Spirito. Dann standen wir plötzlich vor einem ungeheuren Palast und wussten nicht, wie uns geschah. Es war der Palazzo Pitti.

Jacob Burckhardt, *Die Kultur der Renaissance in Italien*, 1860

verschlossenste aller florentinischen Paläste«. Selbst der gartenseitige Hof mache »einen klirrenden Eindruck«, so dass den Besucher nach einer Weile das Gefühl überkomme, »er habe ein Kettenhemd übergestreift«.
Auch der Kulturhistoriker Jacob Burckhardt konnte sich mit dem Palazzo Pitti nicht anfreunden. Seine starre Monumentalität zeige, was sein Bauherr gewesen sei: ein weltverachtender Gewaltmensch. In der Tat galt Luca Pitti als extrem ehrgeizig und machtbewusst. Vor allem

das mit seiner Familie rivalisierende Kaufmannsgeschlecht der Medici war ihm ein Dorn im Auge. Mit dem Palazzo Pitti wollte er die ungeliebten Konkurrenten auf die hinteren Plätze verweisen, was ihm zunächst auch gelang. Doch als bekannt wurde, dass er sich an einer Verschwörung gegen den Medici-Spross Piero den Gichtigen beteiligt hatte, verlor er sein Ansehen und sein Vermögen. In den folgenden Jahren verwahrloste der Bau – bis ihn 1549 ausgerechnet die verhassten Medici für lächerliche 10 000 Gulden erwarben. Diese Schmach erlebte Luca Pitti allerdings nicht mehr. Er musste auch nicht mehr mitansehen, wie sein Palast unter der Ägide der Medici zu dem wurde, wovon er immer geträumt hatte: zum gesellschaftlichen Mittelpunkt der Stadt und schließlich sogar – nachdem die Rivalen zu Herzögen und Großherzögen der Toskana aufgestiegen waren – zur strahlenden Residenz eines Fürstengeschlechts, das bald zu den bedeutendsten Europas zählte. Es blieb ihm erspart, Zeuge der glanzvollen Feste zu werden, bei denen die Medici den Innenhof des erweiterten Palastes unter Wasser setzten, um auf der wellenbewegten Fläche Schaukämpfe zwischen prunkvoll geschmückten Galeeren stattfinden zu lassen. Eines jedoch hätte ihn vermutlich versöhnt: Dass sich im ehemaligen Anwesen seiner Familie schließlich auch das Schicksal der Erzfeinde vollzog: Großherzog Gian Gastone war der letzte männliche Nachkomme aus der langen Reihe der Medici. Er rauchte, trank, verspielte das Vermögen seiner Ahnen, galt als verrückt und verlebte seine Tage im Palazzo Pitti angeblich inmitten von Strichjungen, Gaunern und Taugenichtsen. Schwer krank verbrachte er die letzten sieben Jahre seines Daseins im Bett, bevor er am 9. Juli 1737 starb. »Sic transit gloria mundi«, sollen seine letzten Worte gewesen sein. »So vergeht der Glanz der Welt« – davon hätte auch Luca Pitti ein Lied singen können.

1 Boboli-Gärten mit dem Palazzo Pitti vor der Erweiterung durch die Medici, Gemälde von Giusto Utens, um 1600
2 Gartenseite des Palastes, in dem Galileo Galilei in späteren Jahren häufiger Gast war
3 Die ›Sala dell'Iliade‹, Dekoration aus dem 19. Jahrhundert
4 Blick auf die Schaufassade

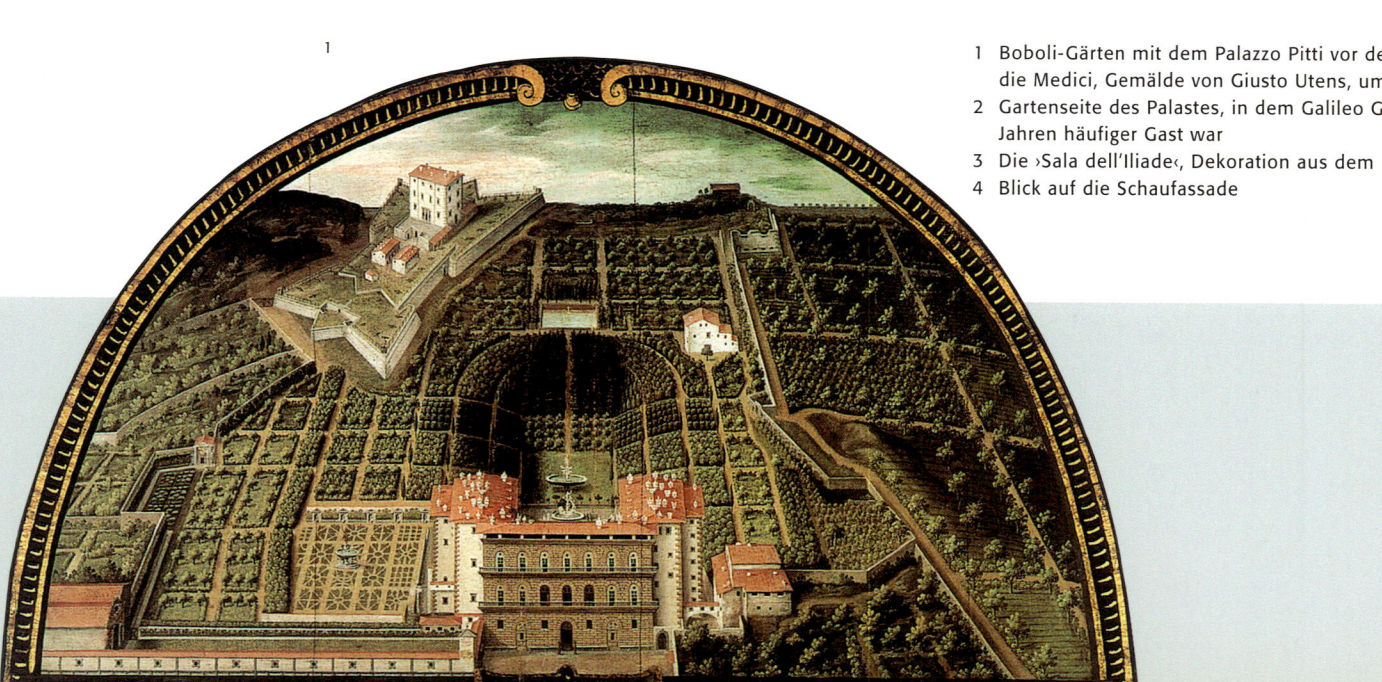

1

Schatztruhe am Bosporus

TOPKAPI-PALAST Istanbul

TOPKAPI-PALAST
(Topkapı-Sarayı)
Türkei, Istanbul, 1465–1840
Baumeister: Mimar Sinan u. a.

Seine Titel lauteten »König der Könige«, »Schatten Gottes auf Erden«, »Herrscher über das Weiße und das Schwarze Meer«. Außerdem war der jeweils regierende osmanische Sultan natürlich Herr über Leben und Tod – was selbst Hofbeamten und Ministern zum Nachteil gereichen konnte. Wer sich beim Sultan unbeliebt gemacht hatte, konnte damit rechnen, alsbald aus dem Weg geräumt zu werden. Nur über die Art und Weise konnte man spekulieren. Entweder bekamen die Unglücklichen Besuch vom gefürchteten Aufseher der königlichen Gärten, der traditionell als Vollstrecker des Sultans auftrat, stets eine dünne Schnur und eine Axt bei sich trug und das Gemach eines Delinquenten nur selten ohne dessen Kopf verließ. Oder sie fanden sich unversehens im öffentlich zugänglichen ›Ersten Hof‹ des Topkapı-Palastes wieder. Hier erinnert der ›Henkersbrunnen‹, an dem der

Der Palast des Sultans ist das Erste, was jeder erblickt, der über das Meer nach Konstantinopel kommt. Richtung Hafen grüßt ein von marmornen Säulen getragener Pavillon, auf dem der hohe Herr gelegentlich beim Luftschnappen zu sehen ist. Auf der anderen Seite, aber ebenfalls nah am Wasser, lässt sich jenes Fenster entdecken, aus welchem man diejenigen, die des Nachts im Palast erdrosselt worden sind, ins Meer wirft.

Jean Thevenot, *Reisen in Europa*, Berlin 1779

Scharfrichter nach getaner Arbeit Schwert und Hände abwusch, noch heute an das jähe Ende zahlloser Würdenträger, die ohne Rücksicht auf ihren Stand gemeinsam mit Räubern und Strauchdieben hingerichtet wurden.
Die überbordende Pracht der bedeutendsten Residenz auf türkischem Boden täuscht über die mörderische Vergangenheit freilich hinweg. Der Topkapı-Palast – 300 Jahre lang der Herrschersitz des Osmanischen Reiches – gilt als einzigartige ›Zeltstadt in Stein‹ und erinnert mit seinen

arabeskengeschmückten Pavillons und kostbar gekachelten Kiosken, mit seinen Lauben, dem Harem, der Palastschule und den frei stehenden Gebäuden, in denen die Bibliothek und die königlichen Sammlungen untergebracht sind, an die nomadische Herkunft der Osmanen.

In der Glanzzeit lebten 40 000 Angehörige des Hofes und ihre Bediensteten innerhalb der Palastumfriedung – was selbst dem Sultan zu viel wurde. Ahmed III. (1703–1730) empfand es als »wenig angenehm«, dass ihn sogar dann vierzig Pagen umringten, »wenn ich meine Hosen anziehe«. Der Topkapı-Palast war allerdings nicht nur das Zentrum weltlicher Macht, sondern auch ein geistlicher Mittelpunkt. Denn in der Reliquienkammer finden sich höchst verehrungswürdige islamische Heiligtümer: der Mantel, das persönliche Siegel und die Fahne des Religionsstifters Mohammed, außerdem mehrere Barthaare, ein Zahn und ein Fußabdruck des Propheten. Auch die Schatzkammer bewahrt große Kostbarkeiten – etwa jenen Dolch aus dem 18. Jahrhundert, der 1964 durch die Krimi-Persiflage ›Topkapi‹ weltberühmt wurde. Lediglich die mechanische Orgel gibt es nicht mehr, die 1599 als Geschenk der englischen Königin Elisabeth I. an den Bosporus gekommen war und als Wunderwerk galt. Dem damaligen Sultan, Mehmet III., hatte die Vorführung des Instruments derart gefallen, dass er auch gleich den englischen Organisten, der im Auftrag der Königin mitgekommen war, behalten wollte. Der Musiker zog es jedoch vor, wieder in seine Heimat zurückzukehren. Er soll befürchtet haben, spätestens dann auf dem Richtblock zu liegen, wenn der Sultan sein Tastenspiel langweilig fände.

4 >

1 Blick vom Topkapı-Palast
2 Die weitläufige Anlage mit dem beherrschenden ›Turm der Gerechtigkeit‹ erhebt sich an der Stelle der einstigen Akropolis von Byzanz.
3 Empfang am Hof des Sultans Selim III. (1789), Gemälde, Constantin Kapidagli zugeschrieben
4 Blick über die Dächer des labyrinthisch angelegten Topkapı-Palastes, im Hintergrund der Bosporus

Als heller Kopf galt Michail Fjodorowitsch (1596–1645) nicht. Es hieß, er könne nur mit Mühe lesen und schreiben, habe keine Bildung, keinen Ehrgeiz, kein Charisma, geschweige denn Visionen. Außerdem hielt man ihn für schüchtern und verwirrt, vor allem aber für zu jung. Trotzdem wurde er, kaum 16 Jahre alt, von der Ständeversammlung zum Zaren gewählt und am 11. Juli 1613 im Kreml gekrönt – aus kühler Berechnung: Die Deputierten hofften, dass er sich wegen seiner offensichtlichen Unzulänglichkeiten nicht allzusehr in die große Politik einmischen würde. Und so kam es. Michail Fjodorowitsch – übrigens der erste Herrscher aus der bis 1917

Ich habe Moskau, die Wunderstadt, nur zwei Tage gesehen. Und mich deuchte, ich sei in Asien: Armut und Hütten sogar mitten im Zentrum, dazwischen aber der Glanz der Paläste und Gärten, die strahlenden Kuppeln der Kirchen und Klöster, dazu der Kreml mit seinen leuchtenden Fassaden, mit seinen goldenen Toren, Türmen und Zinnen. Ich konnte nur staunen.

Ernst Moritz Arndt, *Erinnerungen aus dem äußeren Leben*, 1840

TEREM-PALAST
Russland, Moskau, Kreml,
1499–1636 (mit Ergänzungen
aus dem 19. Jahrhundert)
Baumeister: Alevis Frjasin,
Antip Konstantinov, Bažen
Ogurcev u. a.

regierenden Dynastie der Romanow – zog sich derart nachhaltig ins Private zurück, dass ihn spätere Biographen einer »geradezu unrühmlichen Anonymität« ziehen. Dennoch wurde er zum Glücksfall für sein Reich – als Mann des Schönen und der Kunst. Mit dem Terem-Palast gab er nämlich die prachtvollste Architekturschöpfung innerhalb der Kremlmauern in Auftrag, eine märchenhaft anmutende Residenz, die an die traditionelle russische Holzbaukunst erinnert. Die Dächer des Palas-

tes sind mit geschmiedetem Eisen gedeckt, seine Fensterscheiben bestehen aus Glimmer, einem transparenten, von Natur aus unterschiedlich gefärbten Gestein. In den prunkvollen Gemächern lebte Michail Fjodorowitsch in steter Angst. Erst wenige Jahre zuvor, während der ›Zeit der Wirren‹, war einer seiner Vorgänger im Kreml erschlagen, zu Asche verbrannt, in eine Kanone gestopft und in Richtung Polen, von wo er stammte, abgefeuert worden. Solches Ungemach brauchte Michail Fjodorowitsch aber nicht zu fürchten. Nie konnte man in Russland seine Meinung offener vertreten, nie fühlten sich die Menschen des Zarenreiches einiger als zu seiner Regierungszeit. Das von Hunger und Aufständen gebeutelte Land kam zur Ruhe – und die Kunst blühte auf. Mit Michail Fjodorowitsch begann am Zarenhof das ›Juwelen-Zeitalter‹: Kronen, Szepter, Schwerter, Reitsättel, Trinkbecher, Tischaufsätze, Bischofsmitren, Bucheinbände und liturgische Gerätschaften wurden so verschwenderisch mit Gold, Silber, Edelsteinen und Perlen verziert, dass nicht einmal die Prachtentfaltung der Medici dagegen ankam. Allein der goldene Köcher Michail Fjodorowitschs ist mit 34 Saphiren, 35 Rubinen, 135 Smaragden und 191 Diamanten geschmückt. Ganze Tage verbrachte der Zar bei seinen Goldschmieden und Juwelieren, deren Werkstätten in den unteren Stockwerken des Terem-Palastes untergebracht waren, um neue Entwürfe zu besprechen. Das erklärt auch, warum er die Eingaben seiner Untertanen so zögerlich bearbeitete: Zu bestimmten Stunden wurde vom Fenster seines Throngemachs ein Kasten in den Hof hinuntergelassen, in den jedermann seine Bittschrift legen konnte. Da die Antwort Michail Fjodorowitschs aber regelmäßig lange auf sich warten ließ, sprach der Volksmund bald davon, »etwas in den langen Kasten zu legen« – also die Entscheidung einer Frage »auf die lange Bank zu schieben«, wie das entsprechende deutsche Sprichwort lautet.

Der Kreml

1 Kathedralenplatz
2 Mariä-Himmelfahrts-Kathedrale
3 Mariä-Verkündigungs-Kathedrale
4 Kirche der Niederlegung des Gewandes Mariä
5 Facettenpalast
6 Erzengel-Kathedrale
7 Glockenturm Iwan Weliki
8 Terem-Palast
9 Lazarus-Kirche
10 Obere Erlöser-Kirche
11 Zwölf-Apostel-Kirche und Patriarchenpalast
12 Lustschloss
13 Arsenal-Gebäude
14 Gebäude des ehem. Senats
15 Großer Kremlpalast
16 Rüstkammer
17 Gebäude der ehem. Zarengemächer
18 Lenin-Denkmal
19 Kongresspalast
20 Grabmal des Unbekannten Soldaten
21 Obelisk
22 Alexandergarten
23 Große Steinbrücke
24 Basilius-Kathedrale
25 Lenin-Mausoleum
26 Roter Platz
27 Historisches Museum
28 Platz des 50. Jahrestages der Oktoberrevolution

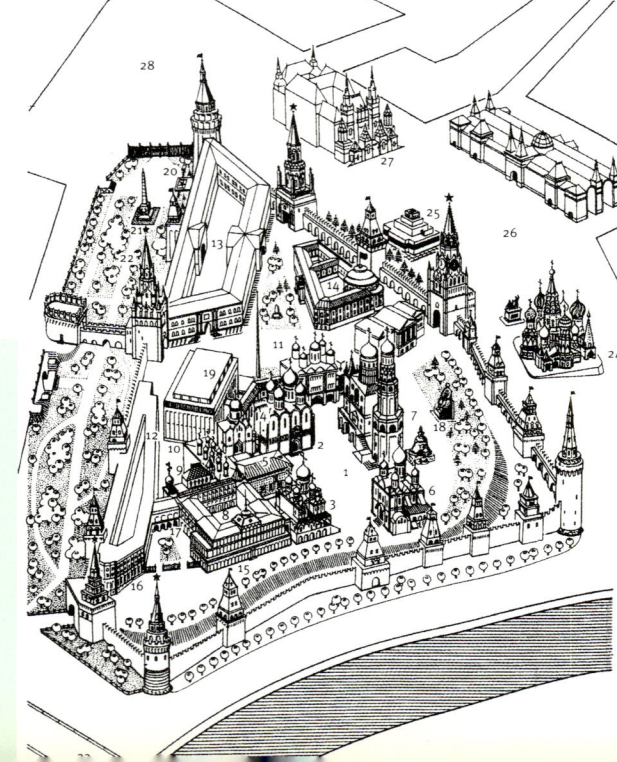

![Blick auf den Kreml]

1 Kroninsignien von Zar Michail Fjodorowitsch (›Großes Ornat‹),
   gefertigt in den Werkstätten des Terem-Palastes, 1627
2 Blick auf den Kreml
3 *Des Grossfürsten Michail Fjodorowitsch Erwählung und Krönung zum
   Zaren*, Litographie, 1856
4 Das Kreuzgemach im Terem-Palast
5 Fassade des Terem-Palastes. Der eigentliche ›Terem‹ ist der Dach-
   boden, der ursprünglich als Ruhe- und Schlafzimmer diente
   und dessen Name auf das ganze Gebäude übertragen wurde; in der
   Bildmitte das Fenster, von dem aus der Kasten für Bittschriften
   nach unten gelassen wurde

3

4   5

Eigentlich war ihr gar nicht zum Feiern zumute. Erst kurz zuvor hatte sie ihren Gatten verloren, den schon seit Kindertagen kränkelnden König Franz II. von Frankreich. Jetzt brachte ein Schiff die 18-jährige Witwe Maria Stuart (1542–1587) in ihre Heimat zurück, schließlich war sie ja auch noch Königin von Schottland. Und dort konnte man es kaum erwarten, die jugendliche Monarchin wieder im Land zu wissen. Als die Königin an einem trüben Januarmorgen des Jahres 1561 im Hafen von Leith schottischen Boden betrat, brannten Freudenfeuer. Eine unüberschaubare Menschenmenge hatte sich am Anlegeplatz versammelt und geleitete Maria Stuart im Triumphzug nach Edinburgh. In der schottischen Hauptstadt

HOLYROODHOUSE
Großbritannien, Edinburgh,
1501–1681
Baumeister: Sir William Bruce
of Balkaskie u. a.

nen musizierten bis in die Morgenstunden unter ihren Fenstern – mit anhaltender Begeisterung, jedoch auch ungemein dissonant, »so dass die Ohren Ihrer Majestät genauso beleidigt wurden wie die meinigen«, wie ihr französischer Ratgeber Brantôme in seinen Memoiren vermerkt. Das blieb allerdings nicht das einzige Ungemach, von dem Maria Stuart in Holyroodhouse heimgesucht wurde. Denn am Abend des 9. März 1566 wurde David Rizzio, der charmante italienische Sekretär der Königin, vor ihren Augen beim gemeinsamen Dinner überfallen, durch mehrere Gemächer zum oberen Ende der Haupttreppe geschleift und dort mit 57 Dolchstößen getötet. Der Mörder – Marias zweiter Ehemann Lord Darnley, der in Rizzio den Galan seiner Gattin vermutet hatte – lebte allerdings auch nicht mehr lange. Kaum ein Jahr nach der Bluttat kam er in der Nähe von Holyroodhouse bei einer gewaltigen Detonation zu Tode, woran nun wiederum Maria Stuart nicht unschuldig gewesen sein soll. Sie wurde zur Abdankung gezwungen, saß die folgenden 19 Jahre in englischer Haft und endete am 8. Februar 1587 auf dem Schafott ihrer königlichen Rivalin Elisabeth I., der Königin von England. Holyroodhouse verwaiste – erst recht, als Schottland und England 1707 endgültig zum ›Königreich Großbritannien‹ vereinigt wurden. London war nun die alleinige Hauptstadt. Dennoch blieb der schottische Stammsitz der Stuarts eine königliche Residenz – besonders geschätzt von Königin Victoria. Sie weilte häufig in Holyroodhouse, obwohl sie wegen der Vergangenheit des Hauses regelmäßig in Melancholie versank und bei jedem ihrer Besuche wie unter Zwang den Raum aufsuchte, »wo die bedauernswerte Maria Stuart zu Abend speiste, als der arme Rizzio ermordet wurde«.

Es war ein wahres Höllenspektakel. Rund fünfhundert Schotten, die sich musikalisch befähigt glaubten, hatten sich vor dem Palast zu Holyroodhouse versammelt, um Maria Stuart mit Dudelsäcken, Fiedeln und Flöten ein Ständchen zu bringen. Tatsächlich aber spielten sie so falsch, dass die Königin den Verstand zu verlieren fürchtete.

Pierre de Bourdeille Seigneur de Brantôme, Lebenserinnerungen, 1665/66

1 *Holyroodhouse*, Aquarell von James Duffield Harding für Königin Victoria
2 Porträt von Maria Stuart, einer der tragischsten Figuren der schottischen Geschichte
3 Gedenkplatte für den ermordeten David Rizzio in Holyroodhouse
4 Blick in den Innenhof des Palastes
5 Holyroodhouse ist heute der offizielle Regierungssitz des britischen Königshauses in Schottland.

waren französische Handwerker und Stukkateure bis zuletzt damit beschäftigt gewesen, den Palast von Holyroodhouse am Ende der ›Royal Mile‹ in ein Juwel zu verwandeln. Einst hatte man hier vor lauter Bäumen den Wald nicht sehen können, bis im Jahr 1128 das dichte Grün gelichtet und auf der gerodeten Fläche die Abtei ›Heilig Kreuz‹ (›Holy Rood‹) errichtet wurde, an die man bald ein königliches Gästehaus anbaute. Unter Jakob IV., dem Großvater von Maria Stuart, zu einem repräsentativen Königssitz erweitert, mauserte sich Holyroodhouse zum gesellschaftlichen und kulturellen Mittelpunkt des Landes, zum ›Herzen Schottlands‹. Hier bezog die junge Königin auch gleich ihre Gemächer in der ersten und zweiten Etage des heutigen Nordwestturms und konnte schon in der ersten Nacht nicht schlafen: Die Unterta-

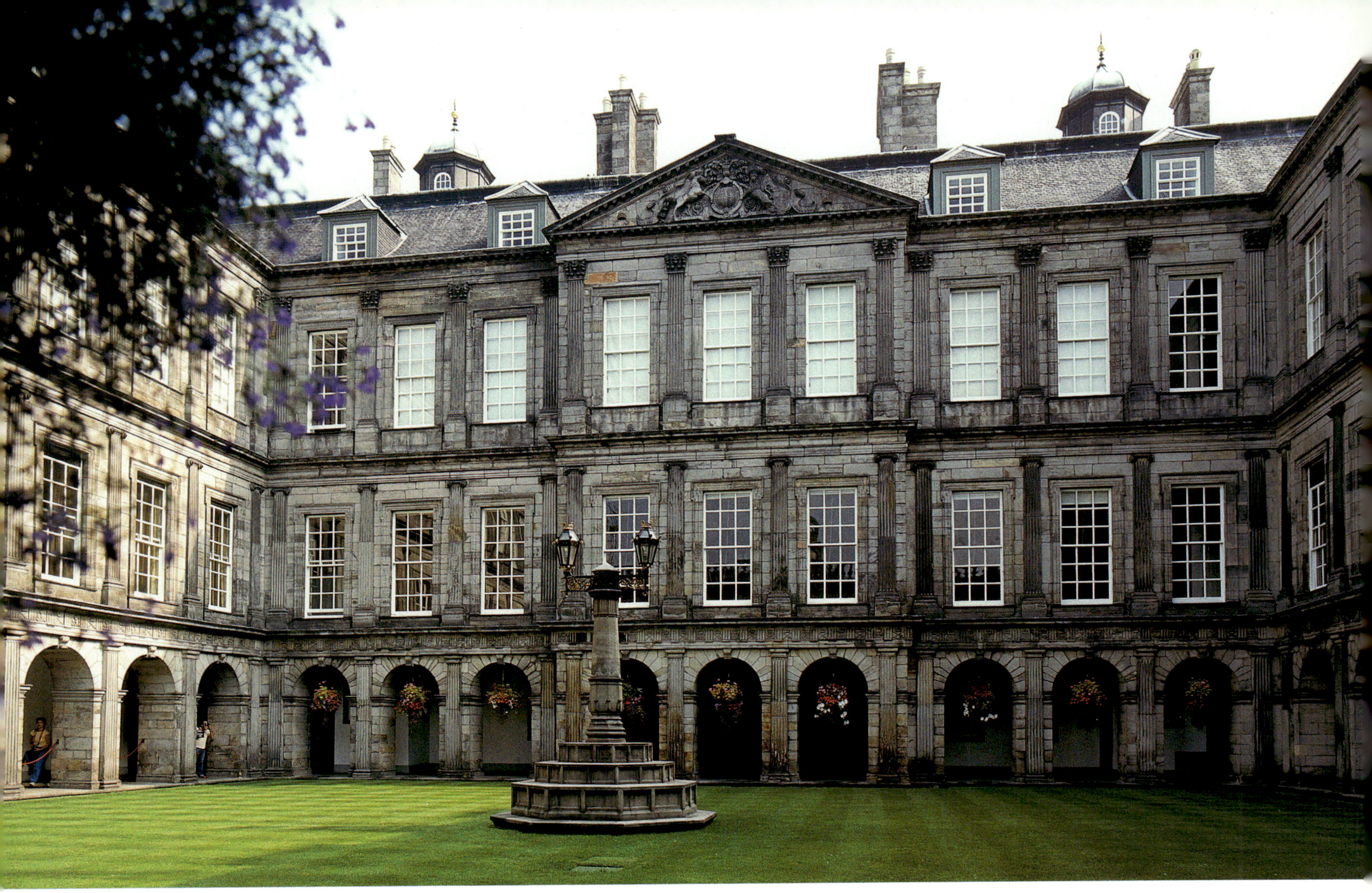

4

5

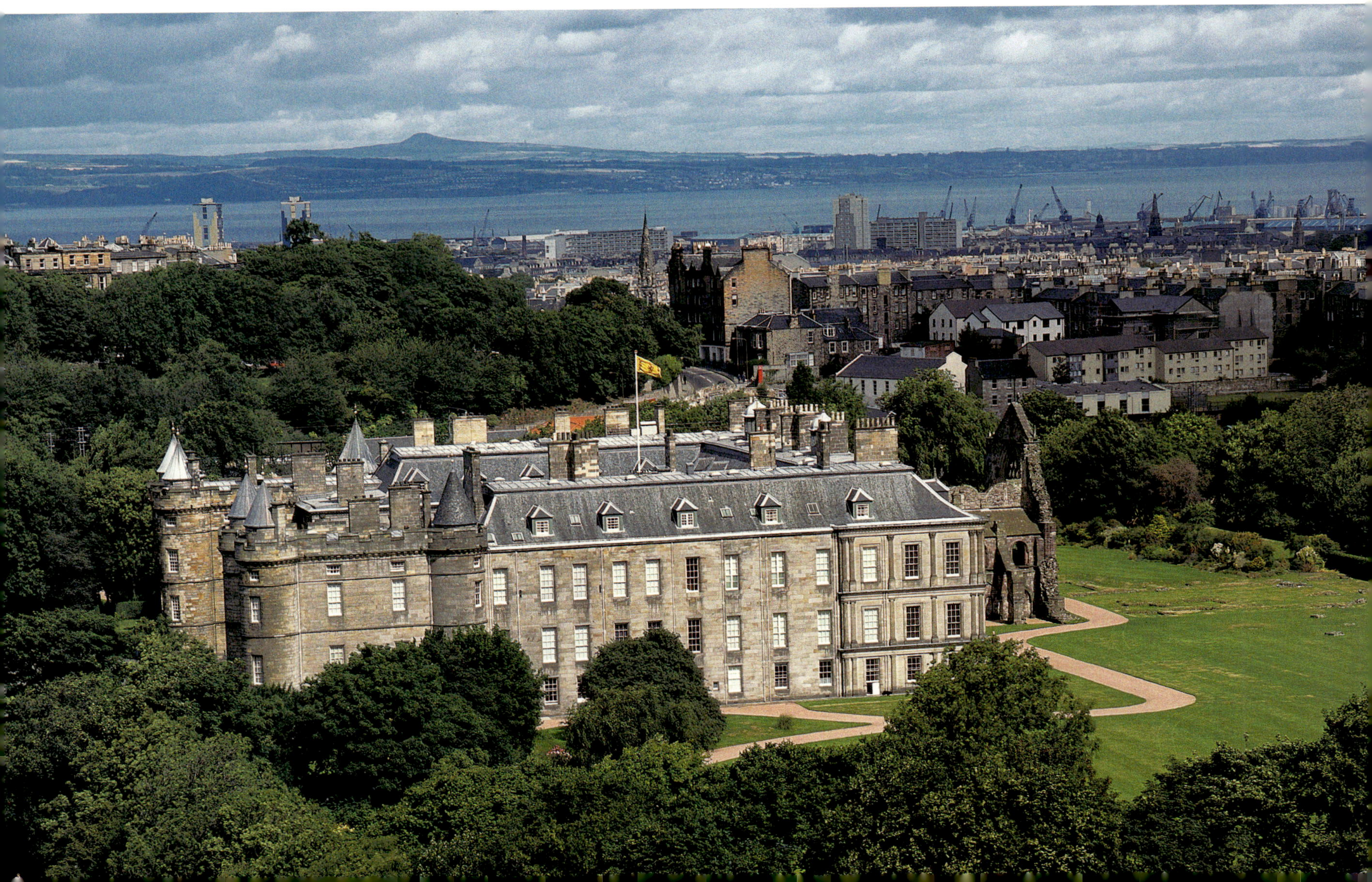

HAMPTON COURT bei London

Wo der König Tennis spielte

HAMPTON COURT bei London

HAMPTON COURT PALACE
Großbritannien, bei London,
1514–1737
Bauherr: Kardinal Thomas Wolsey
Baumeister: Sir Christopher Wren (ab 1689) u. a.

Thomas Wolsey sonnte sich in seinem Ruhm. Kurz nacheinander war er zum Erzbischof von York, zum Kardinal und zum Lordkanzler, dem wichtigsten Ratgeber König Heinrichs VIII. von England (1509–1547), aufgestiegen. Persönlich durchaus genügsam, von Amts wegen jedoch prunkliebend und damit geradezu schizophren, wollte der zweite Mann im Staat jetzt auch angemessen residieren. Deshalb ließ er 25 Kilometer südwestlich von London, in einer Flussschleife der Themse, einen Palast der Superlative errichten: In Hampton Court, dem einst größten Schlosskomplex Europas, herrschte von Anfang an märchenhafter Luxus. Die kostbaren Stoffe und Gobelins, die Stühle, Tische, Truhen und Bettgestelle zählten zum Teuersten, dessen man habhaft werden konnte. Die golddurchwirkten Vorhänge hatte Wolsey aus Venedig kommen lassen, die perlenbestickten Kissen aus dem Vorderen Orient. Als Heinrich VIII. Hampton Court zum ersten Mal sah, erwachte sein Neid. Mit der Prachtentfaltung seines »guten Kardinals« konnte er nicht mithalten. Da blieb nur eines – Wolsey zu entmachten und seinen gesamten Besitz einzuziehen. Ein Grund dafür

Die ›Große Halle‹ von Hampton Court stammt noch aus den Tagen König Heinrichs VIII. Der mächtige Bau, in den wir wie in das Mittelschiff einer gotischen Kirche traten, sah die Sonne der Anne Boleyn aufgehen. Und noch jetzt gewahrt unser Auge die Insignien A und H (Anne und Heinrich) wie ein Bild ihres Einsseins – Buchstaben, eingeschnitten vielleicht, als schon die Schneide des Beils über dem Nacken der Schönen war.

Theodor Fontane, *Ein Picknick in Hampton Court*, 1854

fand sich bald: Heinrich VIII., wiewohl verheiratet, hatte sich unsterblich in eine junge Adelige namens Anne Boleyn verliebt und wollte das Verhältnis legitimieren. Dazu aber bedurfte es der päpstlichen Annulierung seiner Ehe mit Katharina von Aragón. Der Kardinal bemühte sich redlich. Doch die Verhandlungen mit Rom scheiterten. Wolsey fiel beim König in Ungnade, verlor alle Ämter und wurde wegen Hochverrat angeklagt. Nur ein gnädiges Schicksal rettete ihn vor dem Schafott – der Kardinal starb schon auf der Reise nach London, wo ihm der Prozess gemacht werden sollte, an der Ruhr. Zu diesem Zeitpunkt gab Heinrich VIII. in Hampton Court bereits die ersten rauschenden Feste – an seiner Seite Anne Boleyn, die er schließlich mit dem Segen der von ihm eigens gegründeten anglikanischen Kirche heiratete. An ihrem neuen Lieblingssitz und umsorgt von nicht weniger als 500 Bediensteten verbrachten die beiden auch ihre Flitterwochen und planten mit ungeheurem Aufwand den weiteren Ausbau des Palastes. Zunächst

entstanden ein Bierkeller, Bowlingbahnen und ein überdachter Tennisplatz. Denn ›Tennys‹, gespielt mit Filzbällen, die man mit Hundehaar gefüllt hatte, war die große Leidenschaft des Königs. Außerdem erhielt Hampton Court eine der modernsten, wassergespülten Toilettenanlagen jener Tage – das ›Große Haus der Erleichterung‹, das 28 Personen die gleichzeitige Erledigung dringendster Bedürfnisse erlaubte. Als glanzvolles Herzstück des Schlosses galt die ›Große Halle‹. Unter ihrer herrlichen Balkendecke fand das höfische Leben bei Empfängen und Festbanketten seine prächtigste Entfaltung. Anne Boleyns Tage in Hampton Court waren jedoch gezählt. Längst interessierte sich Heinrich VIII. für eine andere junge Frau. Um den Weg für sie freizumachen, ließ er Anne Boleyn des Ehebruchs anklagen und am 19. Mai 1536 im Londoner Tower enthaupten. Keine 24 Stunden später ging in Hampton Court unter dem eisigen Schweigen des Hofes die Hochzeit mit Jane Seymour über die Bühne. Sie starb allerdings schon ein Jahr später in Hampton Court im Kindbett. Seither, so heißt es, wandere ihr Geist des Nachts mit einer langen, brennenden Kerze durch die Gemächer des Uhrturms.

3

4

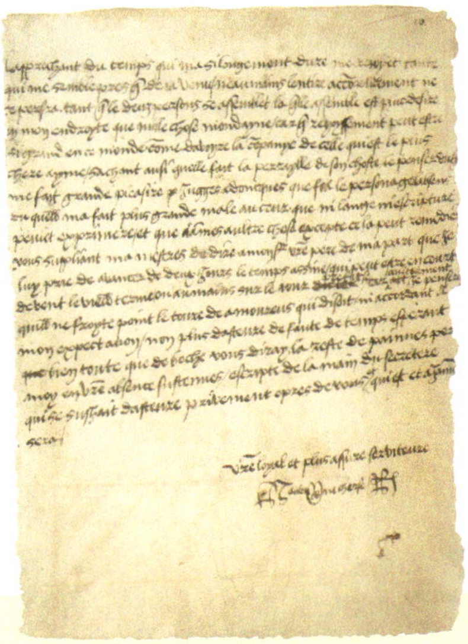

5

1 Panoramaansicht der Anlage zur Zeit von König
   Georg I. (1714–1727), Gemälde von Leonard Knyff
2 Kardinal Thomas Wolsey
3 Das von zwei Rundtürmen flankierte Eingangsportal
4 Liebesbrief Heinrichs VIII. an Anne Boleyn, 1527
5 Die Gartenfassade, erbaut von Sir Christopher Wren,
   1689–1692

1

Die Bauern des Loire-Tals mieden den Platz der verfallenen Burg. Denn es hieß, in bestimmten Herbstnächten hörte man hier den Lärm einer gespenstischen Jagdgesellschaft, allerdings ohne irgendjemanden zu sehen. Von solcherlei schaurigen Legenden ließ sich Franz I. von Frankreich, ein passionierter Jäger, nicht beeindrucken. Die Gegend war für ihren außerordentlichen Wildreichtum bekannt, und der verwunschene Fleck inmitten ausgedehnter Wälder schien dem König wie geschaffen für ein Schloss, mit dem er alles bisher Dagewesene in den Schatten stellen wollte. Im Jahr 1519 ließ er deshalb 1800

Man könnte meinen, dass ein orientalischer Geist das Schloss Chambord irgendwo aus dem Morgenland davongetragen hat. Denn angesichts seiner Kuppeln, Türmchen und Fialen würde man den Palast eher im Königreich Bagdad oder in Kaschmir vermuten – wären nicht die bemoosten Mauern und der trübe Himmel der eindeutige Beweis dafür, dass man sich in einem Land des Regens befindet.

Alfred Comte de Vigny, *Cinq-Mars oder Eine Verschwörung unter Ludwig III.*, 1826

Tagelöhner anwerben, welche die Ruine der alten Burg abtrugen, Hunderte von Eichenstämmen in den sumpfigen Boden rammten, ein Fundament aus Kalkstein legten und darauf eine Palastanlage in Form eines griechischen Kreuzes errichteten – das größte, modernste und ausgefallenste aller Loire-Schlösser. Selbst Kaiser Karl V. zeigte sich überwältigt. Der Herrscher des Heiligen Römischen Reiches bewohnte 1539 ein mit Damast, Samt und Taft ausgeschlagenes Appartement und pries Chambord als »Inbegriff dessen, was menschliche Kunst hervorzubringen vermag«. Auch Victor Hugo rühmte das Schloss ob seiner einzigartigen Schönheit und notierte: »In der

SCHLOSS CHAMBORD
Frankreich, Loire-Tal,
1519–1559

bewundernswerten Absonderlichkeit dieses Märchen- und Ritterpalastes vereinen sich alle Magie, alle Poesie, sogar aller Wahnsinn.« Tatsächlich sah manch ungläubig staunender Besucher in Chambord das Werk eines Zauberers – nicht zuletzt wegen der mächtigen, doppelläufigen Wendeltreppe im Zentrum des dreigeschossigen Hauptbaus. Sie geht vermutlich auf einen Entwurf von Leonardo da Vinci zurück, erinnert mit ihrer zweifachen Drehung an frühe Turbinenkonstruktionen des Universalgenies und galt als Wunder der Technik.

Franz I. verfolgte den Baufortschritt mit großem Interesse. Durchgehend gewohnt hat er in Chambord aber nie, das Schloss verfügte zu seiner Zeit weder über eine Küche noch über Möbel. Wenn der König zum Jagen nach Chambord kam, brachte er jedes Mal eine Unmenge Hausrat mit: Schrankkoffer, Etagenbetten, Tapisserien und Gobelins, die den kahlen Räumen wenigstens für kurze Zeit eine behagliche Atmosphäre gaben. Zu Letzterem trugen freilich auch die Gespielinnen bei, von denen Franz I. zeitweise nicht weniger als 27 um sich geschart hatte, da »ein Hof ohne Damen wie ein Jahr ohne Frühling und ein Frühling ohne Rosen« sei. Dass der Himmel trotzdem nicht immer voller Geigen hing, lässt ein Satz vermuten, den Franz I. mit dem Siegelring ins Fensterglas seines Wohngemachs ritzte: »Die Frauen sind launisch. Unglückselig, wer ihnen vertraut.« Vor größerem Ungemach blieb der König jedoch verschont. Die gespenstischen Schatten, vor denen man ihn gewarnt hatte, traten nie in Erscheinung. Auch in späteren Jahrhunderten fiel nichts Ungewöhnliches vor – außer dass das Schloss im Gefolge der Französischen Revolution als Symbol der Monarchie geschleift werden sollte. Damals fand sich jedoch ein kunstsinniger Beamter, der die Kosten für den Abbruch so hoch ansetzte, dass die Bilderstürmer erschrocken von ihrem Plan abließen.

2

3

4

1 Detail der Dachlandschaft
2 Studie für eine Treppe, Befestigungen und eine Laterne,
   Federzeichnung von Leonardo da Vinci, zwischen 1516 und 1519
3 König Franz I. bei der Jagd, Wandbehang nach Laurent Guyot,
   Anfang 17. Jahrhundert
4 Wie eine Fata Morgana: Schloss Chambord
5 Die zweiläufige zentrale Wendeltreppe
6 Blick auf die Schlossanlage

6

5

PALAIS NOORDEINDE Den Haag

PALAIS NOORDEINDE
Niederlande, Den Haag,
1530–1984
Baumeister: Willem Goudt,
Jacob van Campen, Pieter
Post u. a.

Königin Sophie der Niederlande (1818–1877) war bester Stimmung. Die Krönung ihres Gatten, Wilhelms III., hatte es endlich möglich gemacht, aus dem dunklen und muffigen Palast des Thronfolgers auszuziehen. Stattdessen wohnte das junge Paar nun im Palais ›Noordeinde‹ – einem eleganten, hellen und luftigen Schlösschen am ›nördlichen Ende‹ der Altstadt von Den Haag. »Ich freue mich jeden Tag wie ein Kind«, kommentierte Sophie den Tapetenwechsel gegenüber einer Freundin. Die Königin blühte auf – und vergaß sogar, daß sie die Niederlande eigentlich überhaupt nicht mochte. Wie hatte sich die gebürtige Prinzessin von Württemberg an tristen, grauen Tagen nach den lieblichen Hügeln ihrer süddeutschen

Inzwischen bin ich mit Wilhelm in das frisch renovierte Palais Noordeinde eingezogen. In meinen Privatgemächern sind allerdings noch die Handwerker zugange, weswegen der Komfort im Moment etwas zu wünschen übrig lässt. Trotzdem freue ich mich, hier zu sein: Der herrliche Garten, der hübsche Salon und die lichtdurchfluteten Räume sind wunderbare Annehmlichkeiten, die ich in den vergangenen Jahren arg vermisst habe. Dabei bedeuten sie einer Frau doch so viel.

Königin Sophie der Niederlande am 18. Mai 1849 an ihre Freundin Lady Malet

Heimat gesehnt. Und wie geisttötend war ihr der spröde Lebensstil des niederländischen Adels erschienen. Seit dem Umzug spielte das alles keine Rolle mehr. Sophie war mit der Welt versöhnt. Während ihr Gatte ein großes Appartement im Erdgeschoss des Palais bewohnte, lebte sie – umgeben von Kammerdienern und Kindermädchen – mit den Söhnen Wilhelm und Moritz im ersten Stock. Die Fenster öffneten sich zum Garten, und bei der

Einrichtung hatte man an nichts gespart. Die Vorhänge waren aus weißem Seidensatin, die Möbel aus Mahagoni, die Öllampen aus handbemaltem Porzellan. Ihre umfangreiche Korrespondenz mit anderen gekrönten Häuptern und internationalen Geistesgrößen erledigte die vielseitig interessierte Sophie an einem Sekretär, dessen Schreibfläche mit einer Einlegearbeit aus Palisander- und Zitronenholz verziert war. Und wenn ihr der Sinn nach musikalischem Zeitvertreib stand, konnte sie sich an ein Klavier setzen, das aus einer berühmten Pariser Manufaktur stammte. Was noch fehlte, war ein Ballsaal. Er wurde rasch in Auftrag gegeben. Die Fertigstellung zog sich dann aber doch hin. Seine Premiere erlebte er erst am 14. März 1862 – mit einem stimmungsvollen Maskenball im Schein Tausender von Wachskerzen. »Dem König stand das Kostüm aus der Zeit Ludwigs XIII. ganz vorzüglich«, schrieb Sophie wenige Tage später in einem Brief, »die größte Aufmerksamkeit aber zog unser Ältester auf sich, der Kronprinz. Er erschien griechisch gewandet und hielt ein bezauberndes Mädchen im Arm. Eigentlich ist er überhaupt nicht eitel. Mit seinen feinen Zügen stach er jedoch so heraus aus der großen Menge der sonst so überaus hässlichen jungen Männer, dass es ihm nur zustünde, eingebildet zu sein.« Die glanzvollen Feste, bei denen Sophie und Wilhelm III. als perfekte Gastgeber auftraten, wurden zur Legende. Hinter den Kulissen aber krachte es gewaltig im Gebälk. Denn die hochgebildete, intellektuell überlegene Königin machte sich regelmäßig über die eher blasse Gestalt ihres Gatten lustig, von dem selbst wohlwollende Biografen sagen, dass sich »seine impulsive Art, seine wenig geordnete Denkweise und seine Abneigung gegenüber beständiger Arbeit bei der Erledigung der Staatsgeschäfte als Hindernis für einen optimalen Gebrauch der königlichen Stellung« erwiesen hätten. Wilhelm III. rächte sich für die Brüskierungen, indem er die Königin von allen Regierungstätigkeiten fern hielt und Genugtuung in außerehelichen Eskapaden suchte. Für Sophie wurde das Leben zur Qual. Schließlich war ihr sogar das einst so geliebte Palais verleidet: Isoliert vom Geschehen rund um den König und zur Tatenlosigkeit verurteilt, verbrachte sie ihre Tage als einsame Königin in ihren Gemächern. Als dann auch noch der zweitälteste Sohn in Noordeinde an einer rätselhaften Krankheit starb, fiel Sophie in tiefe Depressionen. »Das Leben in diesem Schloss ist furchtbar«, klagte sie einer Freundin. »Die Luft in den Räumen ist zum Schneiden – und ein grässlich ungesunder Geruch liegt über allem.« Völlig verbittert starb die ›Königin der Königinnen‹, wie sie von Zeitgenossen anerkennend genannt wurde, am 3. Juni 1877.

2

1 *Le Souper*, Aquarell von H. F. C. ten Kate. Nach dem Masken-
    ball am 14. März 1862 fand ein abschließendes Souper im
    kleinen Ballsaal statt.
2 Seit 1984 ist das Palais Noordeinde der offizielle Regierungs-
    sitz des niederländischen Königshauses.
3 *Le Buffet*, Aquarell von H. F. C. ten Kate. König Wilhelm III. auf
    dem Maskenball in einem Kostüm aus der Zeit Ludwigs XIII.,
    links neben ihm Königin Sophie, verkleidet als ›Königin
    Elisabeth I. von England‹
4 Das große Vorzimmer

3

4

SCHLOSS FONTAINEBLEAU Fontainebleau

SCHLOSS FONTAINEBLEAU
Frankreich, Fontainebleau,
1528–1782
Baumeister: Gilles le Breton,
Pierre Chambiges d. Ä.,
Philibert Delorme,
Jacques-Ange Gabriel u. a.

Als Napoleon Bonaparte (1769–1821) das Schloss Fontainebleau 1801 erstmals in Augenschein nahm, schüttelte er nur den Kopf. Die Raumfluchten waren leer und geplündert, die Holzvertäfelungen verfault, die Wandmalereien von Schimmel überwuchert. Es gab keine einzige Tür mehr, geschweige denn Fensterscheiben. Alles, was nicht niet- und nagelfest war, hatte die Bevölkerung der Umgebung in den Tagen der Revolution an sich gerissen. Die Bausubstanz allerdings war intakt, es lohnte sich, die Handwerker anrücken zu lassen. Und nach ersten Instandsetzungsarbeiten zog tatsächlich neues Leben in die alten Mauern ein. In jenem Flügel, der den heutigen ›Jardin Anglais‹ nach Norden begrenzt, öffnete eine Kadettenschule ihre Pforten. Doch dabei blieb es nicht. Napoleon fand immer mehr Gefallen an dem 60 Kilometer südöstlich von Paris gelegenen Schloss, das jahrhun-

Napoleon erschien auf dem Absatz der Großen Treppe von Schloss Fontainebleau, schaute hinunter in den Ehrenhof, wo seine Truppen Aufstellung genommen hatten, und erhob seine Stimme: ›Soldaten, ich sage Euch Lebewohl. Ich gehe. Beklagt nicht mein Geschick. Ich möchte Euch alle an mein Herz drücken. So lasst mich wenigstens Euren General umarmen und Eure Fahne!‹ Die ganze Armee brach in Tränen aus, und ein langes, dumpfes Stöhnen war die einzige Antwort.

Alphonse de Lamartine, *Geschichte der Restauration*, 1851

1 Blick auf die Schlossanlage nach einem Stich
2 Die ›Grand Galerie‹
3 *Der Abschied von Fontainebleau*, Druckgrafik von Jean-Pierre-Marie Jazet, nach Horace Vernet, 1825
4 Blick durch das Schlosstor in den ›Cour du Cheval Blanc‹ (Cour des Adieux) mit der Hufeisentreppe
5 Der große Karpfenteich vor dem Schloss, in dem der Legende nach noch Karpfen aus Napoleons Tagen schwimmen

dertelang ein bevorzugtes Refugium der französischen Monarchen gewesen war. Ludwig der Dicke hatte die waldreiche Idylle mit ihren schier unerschöpflichen Jagdgründen um 1200 entdeckt, Ludwig der Heilige nannte Fontainebleau »meine geliebte Einöde«. Philipp der Kühne glaubte, dass man wegen der reinen Luft keine Angst vor der Pest zu haben brauche, weswegen Philipp der Schöne, sein Sohn, das Licht der Welt in Fontainebleau erblickte, wo er 46 Jahre später auch starb. Franz I. ließ an der Stelle des früheren Lusthauses die ältesten Trakte des jetzigen Schlosses errichten, Heinrich II., Heinrich IV. und Ludwig XV. erweiterten die Anlage zu

ihrer heutigen Größe. Zu diesem Kreis der Bauherren und Bewohner wollte Napoleon nur allzugern gehören. Dafür nahm der Korse zunächst sogar Unannehmlichkeiten in Kauf. Bei seinen ersten Aufenthalten waren die Wände nur notdürftig mit Tapeten bespannt. Es fehlte an Mobiliar, und zugig war es auch. Nach und nach aber verwandelte sich Fontainebleau wieder in eine wohnliche Residenz. Unsummen gab Napoleon für die Restaurierung aus. Danach präsentierte sich das Schloss prunkvoller denn je: Die meisten Gemächer waren völlig neu möbliert und dekoriert, an Kaminen und Türen, Tischen und Stühlen prangte das Emblem Napoleons – ein großes, goldenes, von Lorbeer umkränztes ›N‹. Das einstige königliche Schlafzimmer war jetzt der kaiserliche Thronsaal. »Die neuen Marschälle, die neuen Herzöge, die neuen Fürsten paradierten bei Festen, die vor Jugend, Glanz und neuen Uniformen strahlten. Tausend Menschen bewohnten das Schloss«, schreibt ein Biograf über jene Tage. Die napoleonische Ära in Fontainebleau währte allerdings nur kurz. Für abgesetzt erklärt, unterschrieb der Kaiser am 6. April 1814 im Roten Salon der Grands Appartements seine Abdankungsurkunde. Zwei Wochen später verabschiedete er sich unmittelbar vor Verlassen des Landes mit bewegenden Worten von seiner Truppe. Der Schauplatz dieses denkwürdigen Ereignisses, der Ehrenhof von Schloss Fontainebleau, heißt seither ›Cour des Adieux‹.

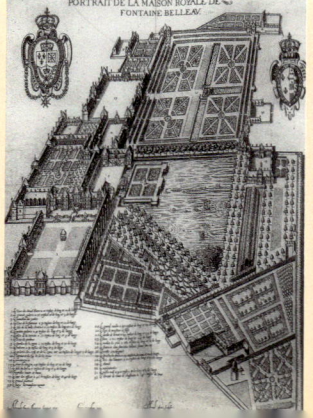

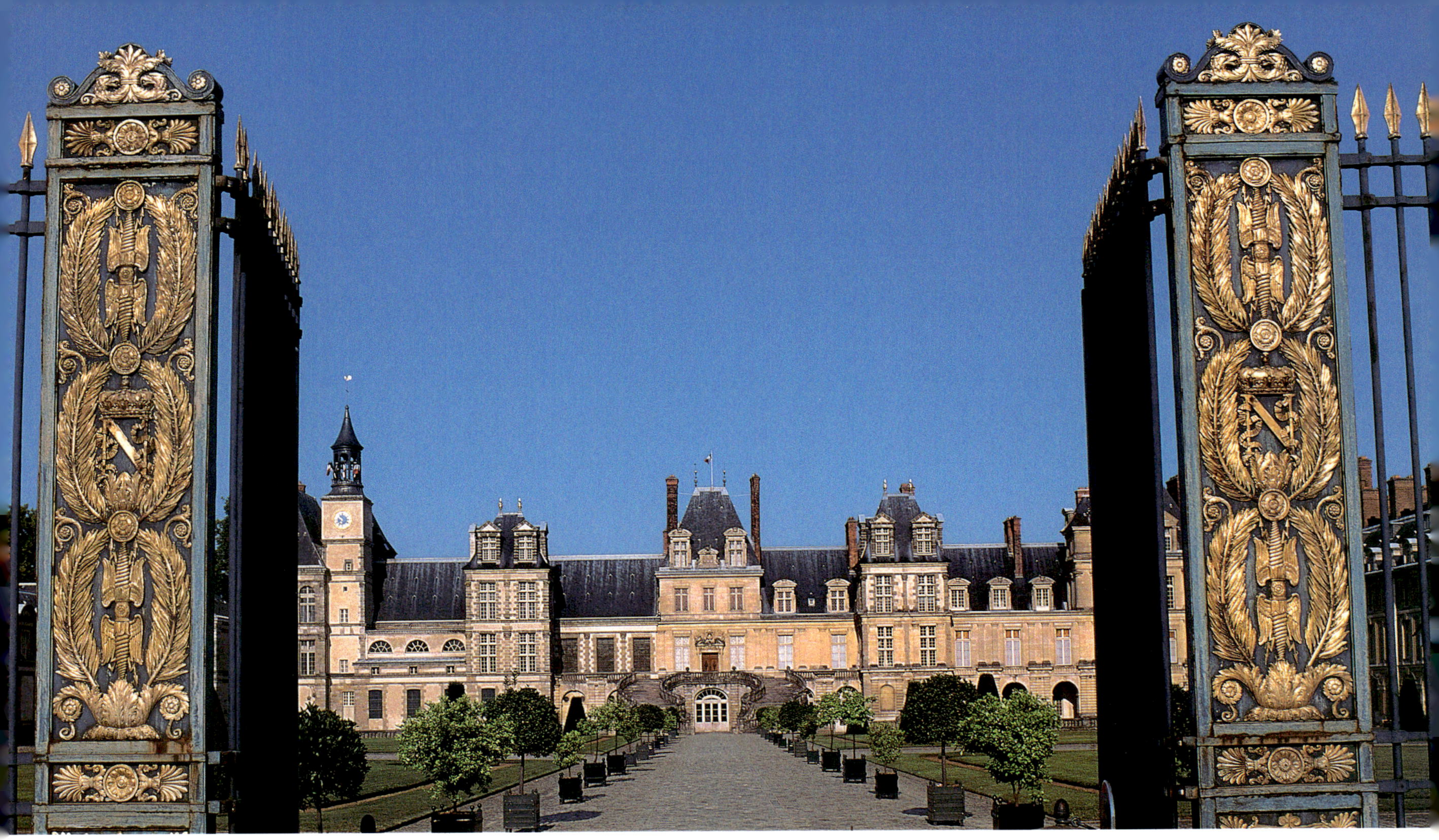

4

5

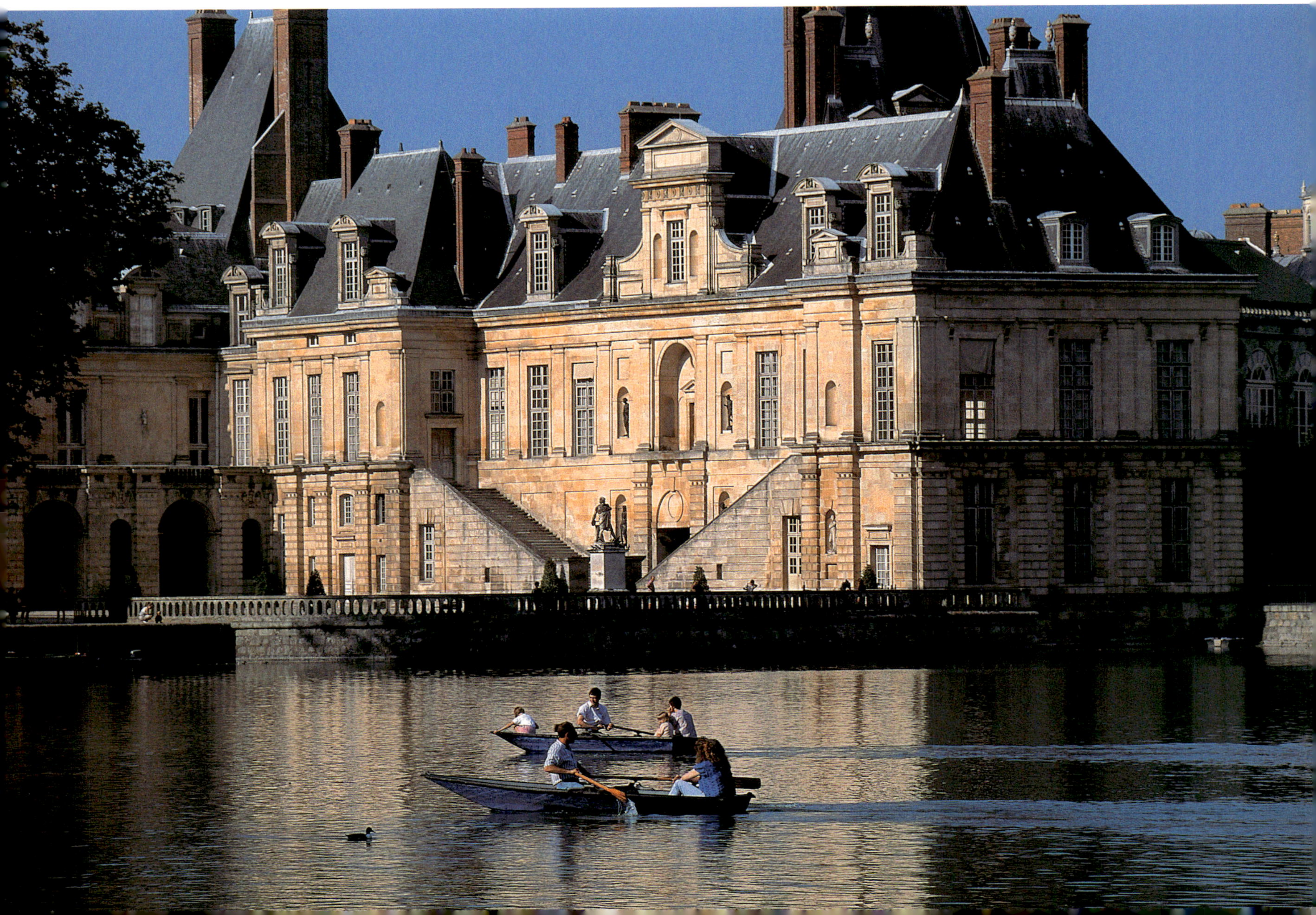

SCHLOSS GRIPSHOLM
Schweden, bei Mariefred,
1537–1783
Baumeister: Heinrich von Cöllen,
Nicodemus Tessin d. J. u. a.

Er liebte Pseudonyme. Als ›Ignaz Wrobel‹ verfasste er scharfzüngige politische Kommentare, als ›Peter Panter‹ geistreiche Feuilletons, als ›Kaspar Hauser‹, melancholische Betrachtungen. Gelegentlich ritt ihn aber auch der Schalk. Dann unterzeichnete er seine Briefe mit ›Martha Knautschke, bessere Tage gesehen habende Zimmerwirtin‹. In Wirklichkeit hieß der Mann Kurt Tucholsky (1890–1935). Er stammte aus Berlin, war promovierter Jurist, verdiente seinen Unterhalt als Schriftsteller und sehnte sich seit seiner Kindheit nach dem hohen Norden: »Es fängt in Mitteldeutschland an, wo die Luft so klar über den Dächern steht, und je weiter nordwärts man kommt, desto lauter schlägt das Herz.« Am lautesten schlug es offenbar in Schweden, wo sich Tucholsky im Frühjahr 1929 nach einem Domizil umsah. Er fand es rund fünfzig Kilometer westlich von Stockholm: »Mariefred ist eine klitzekleine Stadt am Mälarsee. Es war eine stille und friedliche Natur, Baum und Wiese, Feld und Wald – niemand aber hätte von diesem Ort Notiz genommen, wenn hier nicht eines der ältesten Schlösser Schwedens wäre: das Schloss Gripsholm«. Schon 1383 stand auf der kleinen, dem Festland unmittelbar vorgelagerten Insel eine wehrhafte Burg, auf deren Ruinen König Gustav I. Adolf den Kernbau der heutigen Anlage errichten ließ. Die massiven Kanonentürme mit ihren meterdicken Mauern, in denen sich geheime Gänge und Wendeltreppen verbergen, stammen aus dem 16. Jahrhundert.

Es war ein strahlend heller Tag. Das Schloss, aus roten Ziegeln erbaut, stand leuchtend da, seine runden Kuppeln knallten in den Himmel – dieses Bauwerk war dick, signeural, eine bedächtige Festung. Ich weiß nichts vom Stil dieses Schlosses – ich weiß nur: wenn ich mir eins baute, so eins baute ich mir.

Kurt Tucholsky, *Schloss Gripsholm*, 1931

Die Hauben kamen erst zwischen 1730 und 1750 dazu, als sich die einstige Festung mehr und mehr in ein wohnliches Schloss verwandelte. Bis zu diesem Zeitpunkt hatte Gripsholm fast ausschließlich als Witwensitz der schwedischen Königinnen gedient. Jetzt entwickelte sich der geschichtsträchtige Bau zu einem Schauplatz glanzvoller

Empfänge – und zu einer Art Pantheon. König Karl IX. ließ im ganzen Schloss Bildnisse verdienter Landsleute aufhängen und legte damit den Grundstock für eine der umfangreichsten Porträtsammlungen Europas, die bis heute laufend ergänzt wird. »Viele schöne Gemälde hingen da«, heißt es denn auch bei Tucholsky. Nur: »Mir sagten sie nichts«. Die Atmosphäre inspirierte ihn aber durchaus – zu einer ›Sommergeschichte‹. Sie erschien 1931 und stieß bei der internationalen Presse auf ein begeistertes Echo. Ihr Titel: *Schloss Gripsholm*. Freilich – im Roman ist die Inselresidenz nicht mehr als eine verwunschene Kulisse: »Das Schloss schlief dick und still«, heißt es einmal, »überall roch es nach Wasser und nach Holz, das lange in der Sonne gelegen hatte, nach Fischen und Enten«. Mag dieser Eindruck noch mit Tucholskys eigenem Erleben übereinstimmen, so ist anderes doch reine Fiktion. Im Gegensatz zu seinen Protagonisten hat Tucholsky nie im Schloss mit den alten Möbeln im »schweren behaglichen Stil« gewohnt. Und auch seine Einlassung, wonach es in Gripsholm einen Kerker gebe, »in dem Gustav der Verstopfte Adolf den Unrasierten jahrelang eingesperrt hatte«, entspricht zumindest in der Benennung der Personen nicht den historischen Tatsachen. Eines aber scheint den Schriftsteller tatsächlich im Innersten seines Herzens bewegt zu haben: »Da steht Gripsholm. Warum bleiben wir eigentlich nicht immer hier«, lässt er seinen Romanhelden sinnieren. »Man könnte sich zum Beispiel für lange Zeit hier einmieten, einen Vertrag mit der Schlossdame machen, das wäre bestimmt gar nicht so teuer, und dann für immer: blaue Luft, graue Luft, Sonne, Meeresatem, Fische und Grog – ewiger, ewiger Urlaub.« Als ob er diese Zeilen im übertragenen Sinne wahr werden lassen wollte, äußerte Tucholsky den Wunsch, auf dem Friedhof von Mariefred begraben zu werden, und dort wurde er begraben – in Sichtweite von Schloss Gripsholm.

3

4

1 Der Schriftsteller Kurt Tucholsky übersiedelte 1929 von
   Deutschland nach Schweden und wohnte eine Zeit lang
   in der Nähe von Schloss Gripsholm.
2 Anzeige des Berliner Tageblatts für den Vorabdruck des
   Romans *Schloss Gripsholm* von Kurt Tucholsky, 3. April
   und 15. Mai 1931
3 Das idyllisch am Mälarsee gelegene Schloss
4 Ab 1773 nutzte Gustav III. Schloss Gripsholm als
   Residenz

Der Thron Spaniens

ALCÁZAR Toledo

ALCÁZAR
Spanien, Toledo, 1537–1578
Baumeister: Alonso de
Covarrubias, Francisco
Villalpando, Hernan Gonzáles
de Lara, Gaspar de la Vega,
Juan de Herrera u. a.

Die ›spanischste aller spanischen Städte‹ liegt zwar nicht am Meer – trotzdem war der Fischmarkt von Toledo schon im 16. Jahrhundert wohl sortiert. In Holzkisten voller Eiswürfel boten Händler alle erdenklichen kulinarischen Köstlichkeiten aus ozeanischen Tiefen feil. Kaiser Karl v. (1500–1558), der sich bereits zum Frühstück Aalpastete, fangfrische Austern, Sardellen, Sardinen und ein gut gekühltes Bier servieren ließ, musste also auf Gaumenfreuden nicht verzichten. Außerdem faszinierte ihn die Vergangenheit der Stadt. Toledo – mit 50 000 Einwohnern die damals bevölkerungsreichste Metropole Kastiliens – zählt zu den ältesten und kulturträchtigsten Städten Spaniens. Schon die Römer hatten die imposante Lage zu schätzen gewusst. Später regierten die Westgoten von hier aus ihr Reich. Seine größte Blüte erlebte Toledo

Der kolossale Felsblock, an drei Seiten vom Río Tajo
umschlungen, ist herrlich anzusehen. Er gleicht einer Schmuck-
fassung mit einem strahlenden Juwel in der Mitte.
Dieser Edelstein ist das kaiserliche Toledo selbst. Über den
Dächern der Stadt thront der herrschaftliche Alcázar.
Er lässt die Bösen erzittern, die Guten aber ohne Sorge sein.

Maurice Barrès, *Der Greco oder: Das Geheimnis von Toledo*, 1911

aber in maurischer Zeit. Zwischen dem 8. und dem 11. Jahrhundert war die Stadt ein Schmelztiegel der Kulturen, ein Mekka christlicher, islamischer und jüdischer Gelehrsamkeit, das ›kastilische Jerusalem‹. Der Ruhm jener Tage klang noch nach, das milde Klima und die malerischen Gassen taten das Ihrige: Karl v. verliebte sich augenblicklich in die Stadt, als er sie Ende April 1525 erstmals besuchte. Er ernannte sie zur ›Königin des Reiches‹, verlieh ihr sein kaiserliches Wappen und ließ sich den Alcázar als Wohnsitz herrichten. Es sollte die prunkvollste Residenz des Abendlandes werden. Die alte, zugige Burg mit verschiedenen Trakten aus unterschiedlichen Epochen wurde bis auf ein paar Mauern und Gewölbe abgerissen und machte einem nahezu quadratischen Palast Platz, der heute wie ein monolithischer Block über dem Gewirr der Dächer thront.

Die Gemächer, in denen Karl v. beispielsweise Hernán Cortez und Francisco Pizarro, die Eroberer von Mexiko und Peru, empfing, waren derart luxuriös eingerichtet, dass ein weit gereister Zeitgenosse bemerkte, er habe Vergleichbares noch nie gesehen. Karl v. pflegte zu sagen, er

fühle sich eigentlich erst dann so richtig als Kaiser, wenn er den Alcázar zu Toledo betrete. Allzu oft war ihm dies allerdings nicht vergönnt. Als ›Herr der Welt‹, der sich in seinen Urkunden als »Römischer Kaiser, König von Deutschland, Kastilien, Aragón, Léon, der Balearen, der kanarischen und indianischen Inseln, beider Sizilien, Jerusalem, Ungarn, Dalmatien, Kroatien, Navarra, Mexiko, Peru etc. etc.« titulieren ließ, führte Karl v. quasi ein Nomadenleben. Insgesamt dürfte er nur wenige Monate in Toledo verbracht haben. Trotzdem begegnet man ihm in seiner einstigen Residenzstadt noch heute auf Schritt und Tritt. Im Arkadenhof des Alcázars steht sein Denkmal, an der Puerta Nueva de Bisagra, dem nördlichen Stadttor, prangt sein Wappen. Auch eine der Gassen erinnert an ihn. Hier wohnte Juanello Torriano, ein talentierter Mechanicus. Er konstruierte für den technikversessenen Kaiser Uhren

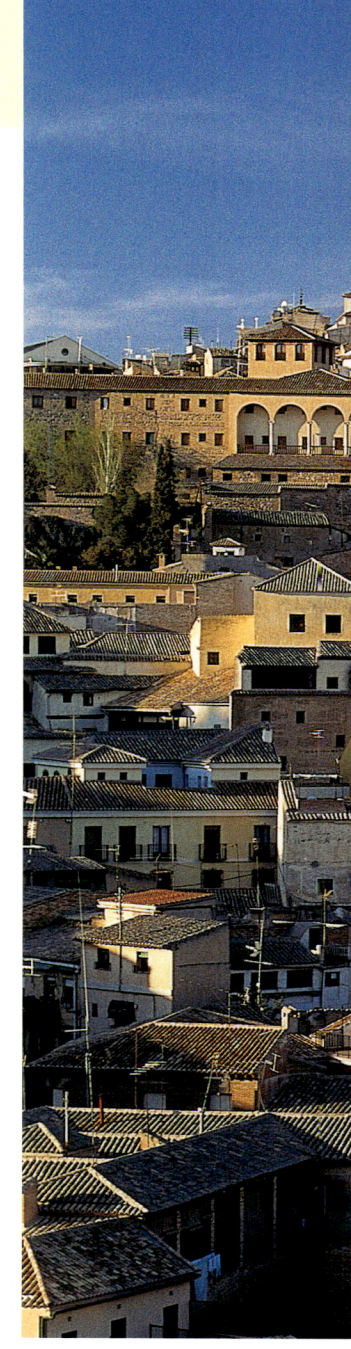

und andere Automaten – darunter angeblich auch eine lebensgroße Gliederpuppe, die gehen konnte und Karl v. täuschend ähnlich gesehen haben soll. Es heißt, sie sei noch Jahre nach dem Tod des Kaisers unerwartet an dieser oder jener Straßenecke aufgetaucht und habe die Stadtbewohner zumindest einen Moment lang glauben lassen, Karl v. sei noch am Leben. Nach dieser Gliederpuppe ist noch heute eine Gasse benannt. Sie heißt ›Calle del hombre de palo‹, die ›Gasse des hölzernen Mannes‹.

1 Toledo war das geistige Zentrum Spaniens, auch nachdem
  Madrid von Philipp II. zur Hauptstadt erklärt wurde.
2 *Karl V. und Isabella von Portugal*, Gemälde von Peter-Paul
  Rubens, nach Tizian, 1628/29
3 *Blick auf Toledo*, Gemälde von El Greco, um 1597

1

Er hatte schon befürchtet, der kinderlose Onkel wolle gar nicht mehr sterben – bis Ottheinrich (1502–1559) endlich als neuer Kurfürst von der Pfalz auf den Heidelberger Schlossbühel ziehen konnte. Mit 54 Jahren war er allerdings selbst nicht mehr der Jüngste, außerdem litt er unter allerlei Zipperlein. Seine »körperliche Paufälligkeit« kam nicht von ungefähr – Ottheinrich wog inzwischen fast vier Zentner. Ans Treppensteigen war nicht mehr zu denken. Auch zum Gottesdienst, den er unten in der Stadt zu besuchen pflegte, musste er in einer Maultiersänfte getragen werden. Er liebte nicht nur opulente Festmähler und süffige Weine.

Nirgends geht die Sonne mit so viel Pracht und Farbenglanz unter wie in Heidelberg. Die Schlossruine steht dann in zauberischem Rosenlicht und das Neckarufer in einem so hohen Goldsaume, dass ein getreues Gemälde davon als Übertreibung abgetan würde.

Nach dem Handbuch *Heidelberg, Mannheim und Schwetzingen für Reisende*, 1808

Gleichermaßen konnte er sich für fremde Länder und Menschen begeistern, für exotische Tiere, alchemistische Experimente, medizinische Schriften und gelehrte Debatten, vor allem aber für die Kunst: Er besaß Bronzen aus Florenz, Wandteppiche aus Brüssel, Gemälde von Cranach, Dürer und Tizian. An seinem Hof soll es sogar üblich gewesen sein, »den Rössern die Schwänz' rot und blau zu färben«.

Daneben plagte ihn der »Bauwurmb«: Aus Frankreich, Italien und den Niederlanden ließ er sich die neuesten Bücher über zeitgenössische Architektur schicken, außerdem Pläne und Aufrisse der bedeutendsten Sehenswür-

HEIDELBERGER SCHLOSS –
OTTHEINRICHSBAU
Deutschland, Heidelberg,
1556–1559
Baumeister: Heinrich Gut (?)
Fassadenschmuck: Alexander
Colin

digkeiten. Dann legte er los. Seine Vorgänger hatten zugige Behausungen errichtet, Ottheinrich baute einen Palast. Der ›Ottheinrichsbau‹ ist die bedeutendste Architekturschöpfung des Heidelberger Schlosses. Die reiche, skulpturengeschmückte Fassade gilt als herausragendes Beispiel fürstlicher Selbstdarstellung, denn sie spiegelt in

3

einzigartiger Weise die Interessen des Bauherrn wider: Die Planetengötter stehen für Ottheinrichs Beschäftigung mit der Astrologie, die Tugenden verweisen auf seine Ideale als Herrscher. Die Brustbilder römischer Imperatoren sind seiner Münzsammlung entlehnt, die Instrumente deuten auf seine Liebe zur Musik. Die Figur des Herkules symbolisiert Ottheinrich als kämpferischen Wegbereiter einer neuen Zeit. Seine Leistung kann sich aber auch wirklich sehen lassen: Mit großer Leidenschaft hat er die Lehre Luthers und die empirische Wissenschaft eingeführt, mit der ›Bibliotheca palatina‹ eine der bedeutendsten Bibliotheken Europas gegründet und Heidelberg zum glanzvollen Mittelpunkt des deutschen Humanismus gemacht. Sein Schlossbau ist heute nur noch eine Ruine, sein Mythos aber lebt fort. Das ist nicht zuletzt Ottheinrichs erhaltener Strickweste zu verdanken: Ihr Brustumfang misst fast zweieinhalb Meter.

1 *Hortus Palatinus*, Ölgemälde von Jacques Fouquières, 1620
2 Detail der Schaufassade des Ottheinrichsbaus
3 Strickweste des Pfalzgrafen Ottheinrich, um 1550
4 Innenhof des Schlosses, links der Friedrichsbau, rechts der Ottheinrichsbau
5 Blick über den Neckar und die Stadt auf das Heidelberger Schloss

2

4

5 >

Den König drängte es in die Abgeschiedenheit. Deshalb wollte sich Philipp II. (1556–1598), der christkatholischste aller damals regierenden Herrscher, außerhalb von Madrid, aber nicht allzu weit entfernt, eine neue Residenz errichten lassen. Ihm schwebte eine Gottesburg vor – ein »Monument des wahren Glaubens«, das seinen Frömmigkeitsübungen, denen er sich mit Eifer unterzog, förderlich sein sollte. Fünfzig Kilometer nordwestlich von Madrid, am Fuß der Sierra de Guadarrama, wurde die Kommission, die er für die Suche nach einem geeigneten Bauplatz berufen hatte, fündig: Die Männer stießen auf ein Dorf, das die Einheimischen ›El Escorial‹ – ›die Schlackenhalde‹ – nennen. Darüber erhebt sich ein gewaltiges Felsplateau.

Der Platz, auf dem früher Erz abgebaut und geschmolzen wurde, schien wie geschaffen für die Vision des gottergebenen Monarchen. Am 23. April 1563 legte Philipp II. den Grundstein. In den folgenden zwei Jahrzehnten verwandelte ein Heer von Tagelöhnern das

So schnell wie möglich sollen ein Palast und ein Kloster gebaut werden, eine Festung, die zugleich als Trutzburg des Allerheiligsten und Grabmal des Königs dienen wird. Kein Prunk und keine Pracht. Keine Abweichung vom unerbittlich strengen Plan, den der König erdacht hat. Der einzige Schmuck des Palastes, der dem Gebirge entrissen scheinen wird wie die Felsen ringsum, soll das Kreuz sein, das Symbol des Christentums.

Carlos Fuentes, *Die Alte Welt*, 1975

EL ESCORIAL
Spanien, bei Madrid,
1563–1584
Baumeister: Juan Bautista
de Toledo, Juan de Herrera

Felsplateau auf 1100 Metern Seehöhe in die größte Baustelle der abendländischen Welt. Es heißt, der König habe den Fortgang der Arbeiten vom Fenster seines Madrider Stadtpalastes aus mit dem Fernrohr beobachtet, was jedoch nicht belegt ist. Bezeugt ist allerdings, dass Philipp II. im Pfarrhaus des nahen Dorfes regel-

mäßig Quartier nahm, um sich vor Ort über den Stand der Dinge zu informieren. Er soll auch Zeuge gewesen sein, als die gewaltigen Granitblöcke für das Hauptportal angeliefert wurden – von Fuhrwerken, vor die man bis zu vierzig Ochsen gespannt hatte.

Zum ersten Mal nächtigte die königliche Familie vom 11. auf den 12. Juni 1571 in dem labyrinthartigen Komplex. Fertig waren damals lediglich die Privatgemächer, die noch heute eher an klösterliche Zellen erinnern als an fürstliche Repräsentationsräume. Im Arbeitszimmer Philipps II. gibt es nur einen Lehnstuhl, einen einfachen Holztisch und einen schlichten Bücherschrank. Ähnlich karg präsentiert sich das Schlafzimmer. Sein einziger Schmuck sind ein Kruzifix und ein Gemälde von Hieronymus Bosch mit dem Titel *Die sieben Todsünden*. Der weitläufige Palast, der gleichzeitig als Kloster, königliche Grablege, Bibliothek und Kaserne diente, war aber auch nicht als Tempel der Lebensfreude gedacht – obwohl es selbst zu Zeiten Philipps II. heitere Tage im Escorial gab. So soll der ganze Hofstaat zusammengelaufen sein, als eines Abends ein Elefantentreiber mit seinen bunt geschmückten Tieren auftauchte. Ausgelassenheit herrschte auch, wenn die Dorfbewohner heraufzogen und unter den Fenstern des Palastes tanzten – wofür man ihnen mit Hammelkeule, Leberomelette und Quittenmus aus der Schlossküche dankte. Der König, stets schwarz gekleidet, hielt sich von solchem Trubel freilich fern, studierte Berge von Akten oder kniete zu Füßen von Heiligenbildern und Reliquien, um gottgefällige Entscheidungen zu treffen. Am Ende hielten einzig die Töchter, die er mit zärtlichen Briefen bedachte und sogar in Kleiderfragen beriet, zu ihrem wunderlichen Vater. Alle anderen machten drei Kreuzzeichen, als der gefürchtete Herr am 13. September 1598 kurz vor Sonnenaufgang im Escorial verschied und in der Krypta seiner Palastkirche beigesetzt wurde.

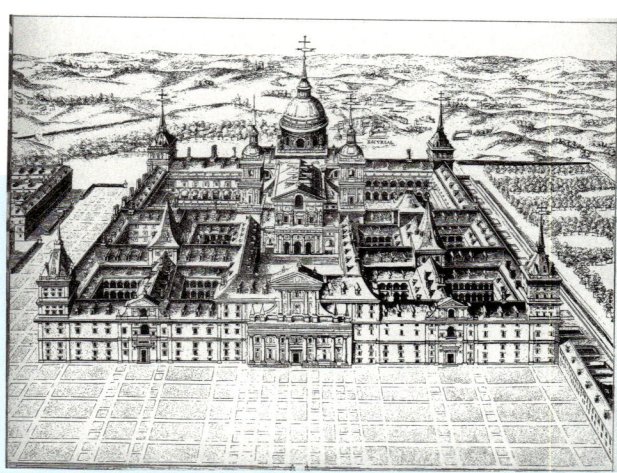

1 *Philipp II.*, Porträt von Coello Alonso Sanchez, um 1568
2 Die Gitterstruktur des Grundrisses wird als Verweis auf den Rost interpretiert, auf dem der heilige Laurentius das Martyrium erlitten hat.
3 Blick auf den Escorial
4 Die Bibliothek Philipps II.
5 Die Gruft des Escorial, Grablege der spanischen Könige

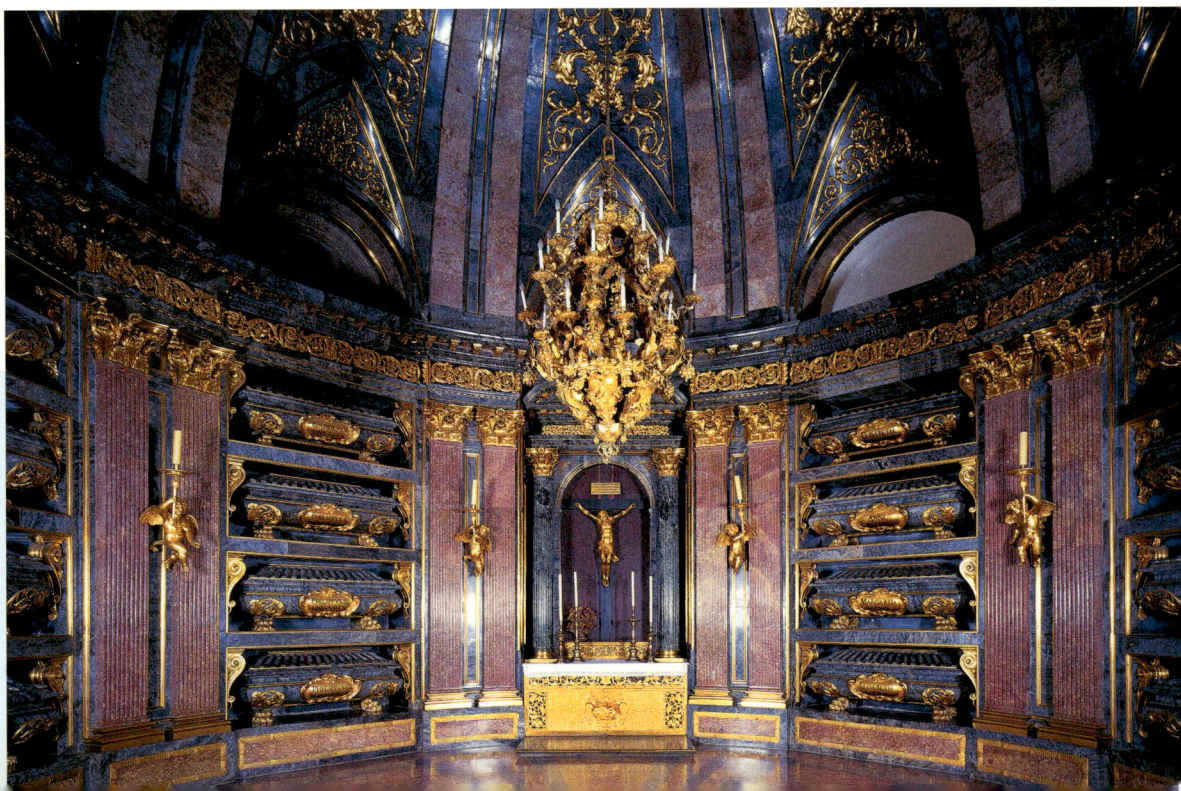

3

4   5

Schöne Tage in Aranjuez

SCHLOSS ARANJUEZ Aranjuez

SCHLOSS ARANJUEZ
Spanien, Aranjuez, 1564–1778
Baumeister: Juan Bautista
de Toledo, Jerónimo Gili, Juan
de Herrera, Juan Gómez de
Mora, Giacomo Bonavía,
Francisco Sabatini u. a.

»Aranjuez ist ein Geschenk des Río Tajo«, heißt es bei einem alten, spanischen Geschichtsschreiber. Und er hat Recht, denn dank der feuchten Flußniederung tut sich hier, inmitten der kargen, kastilischen Meseta, eine blühende, waldreiche Oase auf. Die spanischen Herrscher entdeckten die rund 50 Kilometer südlich von Madrid gelegene Idylle schon im 15. Jahrhundert und suchten sie bevorzugt im Frühjahr auf. Denn nirgendwo sonst, so

Ich sehe das Wasser, wie es durchsichtig und schnell über eine kleine Staustufe beim Palast fließt, ich sehe die Schwäne mit ihren geschminkt anmutenden Gesichtern über dem Schneegefieder, ich sehe die rötlichen Mauern des Palastes, der schon stand, als Schiller jenen Vers schrieb, der noch heute Menschen dorthin treibt: ›Ach‹, sagte der Mönch Domingo zum unglücklichen, dem Untergang geweihten Don Carlos, ›die schönen Tage in Aranjuez sind nun zuende‹.

Cees Nooteboom, *Die schönen Tage in Aranjuez*, 2001

1

sagt man, präsentiere sich die erwachende Natur mit ihren Düften und Farben so vielfältig und zauberhaft wie in Aranjuez. König Philipp II., auf dessen Geheiß der Kernbau des heutigen Schlosses mit seiner Fassade aus weißem Kalkstein und rotem, »nach flämischer Art gebranntem Ziegel« errichtet wurde, liebte Aranjuez besonders. Er legte den weitläufigen Park an, ließ aus England Schatten spendende Ulmen kommen, aus Frankreich Platanen, Rosen und Jasmin. Allzu lustbetont durften die Aufenthalte des gestrengen Monarchen allerdings nicht sein. Wenn er in seiner Prunkbarke über die stillen Wasser der Kanäle glitt, »führte er einen Schreibtisch mit, an dem er Verträge ausarbeitete oder Akten studierte, während am Ufer die Musikanten Gitarre spielten und die Hofdamen tanzten«, berichtet ein Biograf. Im 18. Jahrhundert ging der Park, dem Joaquín Rodrigo mit seinem *Concierto de Aranjuez* ein klingendes Denkmal gesetzt hat, auch in die Weltliteratur ein: »Im königlichen Garten zu Aranjuez« spielt der erste Akt von Friedrich Schillers Drama *Don Carlos, Infant von Spanien.* Die Geschichte seines Titelhelden hat der große deutsche Dichter allerdings geschönt: Der reich begabte, hochherzige Thronerbe, der im Gegensatz zu König Philipp II., seinem Vater, geradezu aufklärerische Gedanken und ein modernes Staatsverständnis vertrat, ist wohl eine Erfindung. Zumindest erzählen die Zeitgenossen nur wenig Erbauliches über den historischen Don Carlos (1545–1568), der im Kreise der Familie oft in Aranjuez weilte. So notierte der venezianische Gesandte Federico Badoero 1557, der zwölfjährige Infant sei »stolz, aufbrausend und

von grausamer Natur«. Man höre, »er lasse Hasen lebendig rösten« und habe einer Schildkröte, die nach seinem Finger schnappte, den Kopf abgebissen. Auch später machte Don Carlos keinen überzeugenden Eindruck: »Er ist sehr unreif für sein Alter, unberechenbar, liebt niemanden, hasst viele und ist eher geneigt zu schaden als zu nützen«, heißt es über den 21-Jährigen. Das spanische Weltreich zu regieren, traute man ihm nicht zu. Schließlich wurde er auf Befehl des eigenen Vaters festgesetzt. Über die konkreten Gründe dafür rätselt man bis heute: War Don Carlos gemeingefährlich geworden? Plante er, seinen Vater zu ermorden? Wollte er aus dem Dunstkreis des Hofes fliehen? Oder hatte er sich in Aranjuez in seine Stiefmutter verliebt, die ursprünglich ihm als Gemahlin zugedacht gewesen war? Philipp II. schwieg zu diesen Fragen. Und Don Carlos konnte nicht mehr antworten. Er starb nach sechsmonatiger Haft in den Morgenstunden des 24. Juli 1568 eines ungeklärten Todes. Damit waren für den 23-Jährigen »die schönen Tage in Aranjuez«, wie es bei Friedrich Schiller heißt, endgültig zuende – falls es sie überhaupt je gegeben hat.

1 Blick auf die Hauptfassade
2 *Die Treibjagd in Aranjuez*,
   Gemälde von Luan Bautista
   Martínez del Mazo, 17. Jahr-
   hundert
3 Vedute von Schloss Aranjuez
4 Philipp II. und seine Familie,
   Bronzefiguren im Escorial von
   Pompeo Leoni, 1598. Die
   Gruppe zeigt rechts Philipp II.
   und seine zweite Gemahlin,
   in der zweiten Reihe seine
   erste Gemahlin mit ihrem
   Sohn Don Carlos und dessen
   Gemahlin Elisabeth von
   Valois.

KAISERPALAST
Japan, Tokio, 1603–1970

Die japanischen Beamten zeigten sich äußerst wählerisch, wenn es um Gastgeschenke für den Kaiser ging. So winkten sie ab, als sie hörten, dass die zur Audienz geladenen holländischen Kaufleute einen seltenen Vogel mitzubringen gedachten, der als Prachtexemplar seiner Gattung gerühmt wurde. Denn die beschriebene Größe lasse befürchten, dass er viel fresse. Selbst eine brandneue Feuerspritze aus Messing, die den Europäern wegen der häufigen Brände in den vorwiegend aus Holz errichteten Palästen Japans als Geschenk höchst geeignet schien, fand keine Zustimmung, wie es in den Tagebüchern des Mediziners und Naturforschers Engelbert Kaempfer (1651–1716) heißt. Der weltreisende Pfarrerssohn aus Norddeutschland lebte von 1690 bis 1692 als Arzt der holländisch-ostindischen Handelskompanie in Japan und

Unter den kaiserlichen Handelsstädten ist Edo [das heutige Tokio] die wichtigste, nämlich, die Residenz des Kaisers, und wegen der großen Hofhaltung und der Anwesenheit aller fürstlichen Familien des Landes die größte und vornehmste im ganzen Reich. Der Meerbusen, an dessen Ufern sie sich ausbreitet, gibt der Stadt die Form eines Halbmonds.

Engelbert Kaempfer, *Geschichte und Beschreibung von Japan*, 1777–1779

kam in den Genuss eines damals nahezu einzigartigen Privilegs: Er wurde am 29. März 1692 mit einer Delegation holländischer Kaufleute vom japanischen Kaiser in Edo, dem heutigen Tokio, empfangen. Die hektische Metropole – mit rund einer Million Einwohnern schon damals eine der größten Städte der Welt – wurde zwar erst 1868 zur Kapitale des Landes erhoben. Dennoch galt Tokio schon seit 1603 als das politische Zentrum Japans. Denn hier hatte der Shogun, der Reichsfeldherr und

eigentliche Herrscher des Landes, seinen Sitz. Neben ihm führte der jeweilige Kaiser, seiner weltlichen Macht beraubt, bis ins 19. Jahrhundert ein Schattendasein – reduziert auf die Funktion des geistlichen Staatsoberhaupts mit wenigen repräsentativen Pflichten. Vom Volk wurde er immerhin als ›Tennô‹ verehrt, als ›Erhabener des Himmels‹. Nur die ranghöchsten Fürsten und Hofbeamten durften ihm von Angesicht zu Angesicht gegenübertreten, gewöhnliche Untertanen und Ausländer überhaupt nicht. Nach einem strengen Ritual verlief deshalb auch jene Audienz, die Engelbert Kaempfer im prunkvollen Inneren des Kaiserpalastes mit seinem reich vergoldeten Schnitzwerk, seinen kostbaren Intarsien und den bunt bemalten Wänden erlebte: »Als wir über eine Stunde gewartet hatten, riefen die Beamten unseren Kapitän in den Audienzsaal. Dort musste er sich auf die Knie werfen und auf allen Vieren zum erhöhten Thron der kaiserlichen Majestät kriechen. Dort hatte er das Haupt bis zum Boden zu neigen, während er dem Kaiser für die Gnade dankte, dass unserer Kompanie der freie Handel in Japan bisher vergönnt war. Sodann bewegte er sich wiederum auf allen Vieren wie ein Krebs beim Rückwärtsgehen zu seinem Ausgangspunkt zurück.« Damit war die Angelegenheit aber nicht beendet. Denn nach der Audienz wurde die Delegation »tiefer in den Palast« geführt, um der Kaiserin, den Prinzessinnen und den übrigen Damen »zum Vergnügen und zur Betrachtung« vorgestellt zu werden. Auch der Kaiser selbst gesellte sich dazu, freilich hinter Jalousien verborgen: »Er hieß uns unsere Mäntel und Ehrenkleider ablegen und allerlei Affenpossen ausführen. Wir mussten hin und her spazieren, dann tanzen, springen, einen betrunkenen Mann darstellen, japanisch stammeln, malen, holländisch und deutsch lesen – und singen. Ich intonierte das Liebeslied ›Zeitlich kann mich nichts ergötzen / als die keusche Lieblichkeit‹.« Groß war die Erleichterung bei den Holländern, als der Kaiser ausrichten ließ, die Begegnung sei beendet. »Die Beamten aber beglückwünschten uns. Denn eine solch außerordentlich gnädige Aufnahme sei ausländischen Kaufleuten am Kaiserhof zu Edo noch nie widerfahren.«

1 Der kaiserliche Palast, kolorierte Fotografie, um 1900
2 Die wegen ihrer Spiegelung im Wasser so genannte Doppelbrücke
3 Die Anlage des Kaiserpalastes in der Metropole Tokio

1

2

3

SCHLOSS HELLBRUNN Salzburg

SCHLOSS HELLBRUNN
Österreich, Salzburg,
1613–1619
Baumeister: Santino Solari

Ein Kind von Traurigkeit war der Fürsterzbischof nicht, im Gegenteil. Als Markus Sittikus von Hohenems im Alter von 38 Jahren Salzburger Oberhirte wurde, beschäftigte ihn als Erstes der bevorstehende Fasching. Sofort ersann er allerlei Belustigungen – insbesondere solche, die geeignet waren, in eine gewisse Ausgelassenheit zu münden. Außerdem ermunterte er nicht nur seine Kammerdiener, das Küchenpersonal und die Hofbaumeisterei, maskiert durch die Gassen der Stadt zu ziehen, sondern führte das farbenprächtige Treiben – phantasievoll verkleidet – höchstselbst an. Kein Wunder, dass man dem fidelen Bischof auch sonst allerhand zutraute. So kursierte bald das Gerücht, Markus Sittikus vergnüge sich leidenschaftlich mit Ursula von Mabon, der Ehefrau seines Leibgardehauptmanns. Wirken seine Predigten deshalb so natürlich, herzlich und dem Leben zugewandt? Jedenfalls scheint ihm nichts Menschliches fremd

Oh welch' schöne Zuflucht, welch' lieblicher Hort der Wonne, welch irdisches Paradies. Jenes Hellbrunn erweist sich seinem lichtdurchfluteten Namen mehr als würdig. Denn seine Wasser sind klarer als Glas, reiner als Kristall und durchsichtiger als selbst der Schein des Himmels. Hellbrunn ist ein Irrsal von kühlem Nass, ein Spiel der Najaden, ein Theater der Blumen, ein Museum der Grazien.

Domenico Ghisberti, *Die Reise des Kurfürsten von Bayern nach Salzburg*, 1670

gewesen zu sein, und er liebte den Luxus. Vor den Toren Salzburgs ließ sich der italophile Kirchenfürst ein Lustschloss im Stil einer römischen Villa errichten – das früheste Beispiel dieser Art nördlich der Alpen. Von jeher als Ort der Unterhaltung gedacht, stellte Hellbrunn eine

Wunderkammer voller Kuriositäten und Überraschungen dar, ein ›theatrum mundi‹ mit exotischen Pflanzen, seltenen Tieren, künstlichen Ruinen und verwunschenen Grotten. Auch der Schalk kam nicht zu kurz: Im Garten ließ Markus Sittikus für sommerliche Festmähler unter freiem Himmel den ›Fürstentisch‹ aufstellen, der von zehn steinernen Hockern umgeben war. Einer war für ihn reserviert und nicht manipuliert. Auf den übrigen neun hieß er seine Gäste Platz nehmen, um spätestens dann, wenn er die fröhlichen Zecher wieder loshaben wollte, die in den Sitzflächen verborgenen Wasserdüsen in Gang setzen zu lassen. Überhaupt spielt das kühle Nass im quellenreichen Schlosspark von Hellbrunn eine besondere Rolle. Denn neben weiteren verborgenen Düsen, Springbrunnen, Teichen und raffinierten Wasserspielen finden sich hier die fünf ältesten noch funktionierenden Wasserautomaten Europas – darunter das so genannte ›Germaul‹. Dreißig Zentimeter groß, aus Kupfer und bemalt, ist es die Karikatur eines männlichen Gesichts mit riesigen Ohren, das dank eines hydraulischen Mechanismus die Augen rollen und die Zunge herausstrecken kann. Man sagt, es stelle Markus Sittikus höchstpersönlich dar und wolle verdeutlichen, was dieser von der Kritik an seinem für einen Geistlichen doch recht ungewöhnlichen Lebenswandel halte: nichts.

1 Porträt des Fürsterzbischofs Markus Sittikus, Ölgemälde, Donato Mascagni zugeschrieben, 1618. Im Hintergrund liegt Schloss Hellbrunn, in der Hand hält der Geistliche ein Bild des noch unvollendeten Salzburger Doms, den er ebenfalls errichten ließ.
2 Gartenseite des Schlosses
3 Römisches Theatrum mit hydraulischen Wasserspielen und dem ›Fürstentisch‹
4 Mechanisches Theater, in dem das Leben in einer barocken Kleinstadt dargestellt wird

2

3   4

POTALA-PALAST
Tibet, China, Lhasa,
1645–1694

Mit ihren verfilzten Bärten und der zerschlissenen Kleidung glichen die beiden Männer eher Räubern als zivilisierten Reisenden. Hinter dem österreichischen Alpinisten Heinrich Harrer (* 1912) und seinem Bergfreund Peter Aufschnaiter lagen aber auch strapaziöse Monate: 65 Hochgebirgspässe hatten sie überquert, um das große Ziel zu erreichen. Und jetzt waren sie angekommen. Sie standen am westlichen Tor der heiligen Stadt Lhasa – der »vom Zauber der Jahrhunderte durchleuchteten, geheimnisvollen Zitadelle des großen Dalai Lama«, wie es in einem alten Reisebericht heißt. Der Anblick war überwältigend. Vor ihren Augen ragte der Potala-Palast, der imposante Wintersitz des tibetischen Gottkönigs, in den stahlblauen Himmel. 13 Stockwerke gliedern die kühn aufeinander getürmte Architektur, die wie eine gigantische Krone auf dem ›Roten Felsen‹, dem mächtigen Stadtberg von Lhasa, ruht. Es heißt, der Palast sei ein Werk der guten Geister. Tatsächlich aber wurden seine gewaltigen Mauern von Menschen hochgezogen, die außer Eseln und Flaschenzügen keinerlei Hilfsmittel kannten. Als Bauherr gilt der 5. Dalai Lama. Seinen Tod hielt man zwölf Jahre lang geheim. Denn als er 1682 starb, war der Palast noch nicht vollendet – und man fürchtete, die auf der Baustelle zur Fronarbeit verpflichteten Untertanen würden davonlaufen, sobald sie erführen, dass ihr Herr nicht mehr unter den Lebenden weilte. Der Gottkönig, den Harrer und Aufschnaiter kennen lernten, war allerdings durchaus von dieser Welt. Der kaum 13-jährige

Es ist der 15. Januar 1946, als wir zur letzten Etappe aufbrechen. Wir kommen in ein breites Flusstal, biegen um eine Ecke – und in der Ferne leuchten die goldenen Dächer des Potala! Der Wintersitz des Dalai Lama, das berühmte Wahrzeichen von Lhasa! Am liebsten wären wir niedergekniet und hätten wie die Pilger mit der Stirn den Boden berührt. Die Mühsal der vergangenen Monate, der Hunger, die Kälte, die Gefahren – was wog das jetzt alles beim Anblick der vergoldeten Spitzen!

Heinrich Harrer, *Sieben Jahre in Tibet. Mein Leben am Hofe des Dalai Lama*, 1952

tibetische Herrscher, nach dem Glauben seines Volkes die 14. Inkarnation Buddhas, lud die beiden Fremden zur Audienz – und erfüllte ihnen damit einen Wunsch, den sie nie zu äußern gewagt hätten: Sie durften das Allerheiligste des Landes betreten. »Dunkle Gänge, die Wände mit seltsamen Schutzgöttern bemalt, führten durch die unteren Stockwerke in einen Hof. Von dort stiegen wir über steile Leitern auf die Dachterrasse, wo es mehrere kleine Bauten mit goldenen Dächern gibt. In einem der

Räume saß der Dalai Lama auf seinem mit kostbarem Brokat bespannten Thron. Ein neugieriges Knabenlächeln lag auf seinen Zügen«, erinnert sich Heinrich Harrer in seinem autobiographischen Bericht *Sieben Jahre in Tibet*. Die Begegnung mündete in eine ungewöhnliche Freundschaft. Der junge Gottkönig bat den 23 Jahre älteren Österreicher, als eine Art Tutor in seiner Nähe zu bleiben. Harrer fühlte sich geehrt, willigte ein – und erlebte einen Dalai Lama, der sich fürs Schlittschuhlaufen begeisterte, der Radios auseinander baute, vom Dach des Potala-Palastes in die Stadt hinunterfilmte, ein Faible für die beiden Autos seines Vorgängers hatte und mit kindlichem Stolz goutierte, dass der höchste Berg der

Welt in seinem Land lag. Harrer war gefragt als Bote aus einer fernen Welt, als Englisch- und Erdkundelehrer, als Fotograf – und als Betreiber eines kleinen Kinos, das er für den Dalai Lama im Potala-Palast eingerichtet hatte. Zeitweise wohnte Harrer sogar in der tibetischen Winterresidenz und notierte: »Das Leben in dieser geistlichen Festung erinnert an eine mittelalterliche Burg. Kaum ein Gegenstand gehört der Neuzeit an. Abends werden die vielen Tore geschlossen und die Wächter ziehen mit Öllämpchen durch den ganzen Palast.« Harrer wurde zum Zeugen farbenprächtiger Feste, die das Gottkönigtum feierten. Er erlebte aber auch dessen Niedergang. Nachdem Truppen der Volksrepublik China in Tibet einmarschiert waren, entschloss sich der inzwischen 15-jährige Herrscher am 19. Dezember 1950 zur Flucht: »Die kalten Wintersterne strahlten, als der Dalai Lama gegen zwei Uhr nachts den Palast verließ. Zehn Meilen hinter Lhasa stieg er aus der Sänfte und sah zurück auf den Potala-Palast, der gerade von den ersten Strahlen der Morgensonne beleuchtet wurde. Seine Fragen ließen erkennen, dass er nicht wusste, wohin die Reise gehen würde.«

1 Goldene Dächer des Palastes
2 Seit dem 17. Jahrhundert ist der Potala-Palast der Wintersitz des Dalai Lama.
3 Der alljährliche Umzug des Dalai Lama von seiner Sommerresidenz in den Potala-Palast
4 Der Potala-Palast im Morgenlicht

4 >

Die Vorliebe seines Bruders Philipp für Schminke, Schmuck und teure Kleider teilte er zwar nicht. Aber auch er setzte sich gern wirkungsvoll in Szene. Mit Begeisterung trat der spätere Ludwig XIV. als Sänger, Schauspieler und Tänzer in Erscheinung – beispielsweise 1653, als er 15-jährig bei einer Aufführung des Ballet de la Nuit im Pariser Palais Petit-Bourbon den griechischen Sonnengott Apoll verkörperte. Er trug ein Kostüm aus goldglänzendem Stoff, verbarg sein Gesicht hinter einer goldenen Maske, hatte sich sogar die Haare golden tönen und mit Zuckerwasser zu Strahlen formen lassen. Dass er sich in dieser Rolle erst recht gefiel, nachdem er als Ludwig XIV. den französischen Thron bestiegen hatte, kam nicht von ungefähr, wie er bekannte: »Die Sonne ist das lebendigste und schönste Sinnbild eines großen Fürsten. Denn sie ist einzig in ihrer Art und in ihrem Glanz, sie spendet Licht und Wohltaten, weckt Leben, Freude und Begeisterung und ist stets in Bewegung, obwohl sie in

Versailles! Man schaut und starrt und versucht zu begreifen, dass es wirklich ist, dass es auf Erden liegt. Aber der Kopf wird einem schwindelig, betäubt von der unendlichen Pracht ringsumher. Man glaubt, von einem wirren Traum genarrt zu werden. Dass Ludwig XIV. für diese Herrlichkeit 200 Millionen Dollar ausgegeben hat, obwohl viele seiner Untertanen Hunger litten, hielt ich früher für unverzeihlich. Jetzt aber habe ich ihm vergeben.

Mark Twain, *Die Arglosen im Ausland*, 1869

SCHLOSS VERSAILLES
Frankreich, Versailles,
1661–1710
Baumeister: Louis Le Vau,
Jules Hardouin-Mansart,
Robert de Cotte

ständiger Ruhe zu schweben scheint.« Diese Ruhe sah Ludwig XIV. in Paris allerdings bedroht. Die Stadt an der Seine war schon damals ein aufrührerisches Nest. Deshalb schien es ihm ratsam, den Regierungssitz von Paris wegzuverlegen. Bald stand auch fest, wohin: in ein Sumpfgebiet, rund 20 Kilometer nordwestlich von Paris. Dort entstand ab 1661 in mehreren »Campagnen« der größte und glanzvollste Palastkomplex Europas: Schloss Versailles. 15 000 Angehörige des Hofstaats mussten untergebracht werden. Dafür arbeiteten auf der Baustelle Zehntausende im Akkord. Viele von ihnen starben oder

verunglückten: »Jede Nacht transportierte man ganze Wagenladungen von Toten ab«, berichtet eine Hofdame. 30 bis 40 Livres wurden einem Arbeiter bezahlt, der einen Arm oder ein Bein verloren hatte, 60 Livres gab es für ein Auge. 1682 war die Anlage provisorisch fertig. Seither schien die königliche Sonne nur noch in Versailles. Hier plante Ludwig XIV. seine Kriege und hielt den Hochadel, den er dazu brauchte, mit permanenten Vergnügungen bei der Stange. »Dreimal pro Woche wurde eine Komödie gegeben, jeden Samstag ein Ball«, erzählt ein Zeitgenosse: »An den drei anderen Tagen der Woche versammelte sich der Hof um sechs Uhr abends im Grand Appartement Ludwigs XIV. Da konnte man sich unterhalten, den Darbietungen von Sängern und Instrumentalisten lauschen oder tanzen. Der König spielte am liebsten Billard.« Das strenge Zeremoniell orientierte sich in seinem unveränderlichen Rhythmus am Lauf der Sonne: Wenn ihre ersten Strahlen das Schlafzimmer des Königs erhellten, begann das morgendliche ›Lever‹, wenn sie am Horizont verschwand, bereitete man alles zum ›Coucher‹ vor. Bei seinem letzten ›Lever‹ war Ludwig XIV., die ›Sonne Frankreichs‹, allerdings nicht mehr bei Bewusstsein: Er starb am 1. September 1715 kurz nach acht Uhr morgens – es war, wie sein Geburtstag, ein Sonntag. Seinen Urenkel und Nachfolger hatte er noch vom Totenbett aus gewarnt, nicht in seine Fußstapfen zu treten. Denn er habe sein Lebtag lang »den Krieg zu sehr geliebt«, vor allem aber »zu große Ausgaben gemacht«. Seinen Versailler Silberthron, der über eine Tonne gewogen hatte, gab es damals schon nicht mehr. Er war eingeschmolzen worden, um den letzten Krieg des Sonnenkönigs zu finanzieren.

1 *Ludwig XIV. in majestätischer Pose*, Ölgemälde von Hyacinthe Rigaud, 1701
2 *Der Bau des Schlosses*, Gemälde von Adam-Frans van der Meulen, 1669
3 *Blick über das Schloss Versailles und seine Gärten*, Gemälde von Pierre Patel, 1668
4 Schloss Versailles, Kulisse der Selbstinszenierung des Sonnenkönigs Ludwig XIV.
5 Das Bassin d'Apollon im Schlosspark
6 Der Spiegelsaal

2

3

4

5 6

Des Königs Zauberbühne

SCHLOSS DROTTNINGHOLM Mälarsee

SCHLOSS DROTTNINGHOLM
Schweden, Mälarsee,
1662–1700
Baumeister: Nicodemus Tessin
d. Ä., Nicodemus Tessin d. J. u. a.

Er liebte das Theater, die Oper und das Ballett. Das war seine Welt. Und hätte er je die Wahl gehabt, dann wäre er Schauspieler geworden. So aber saß er schon mit 25 Jahren als Gustav III. (1746–1792) auf dem schwedischen Königsthron und fühlte sich allerlei Ungemach ausgesetzt. Das Volk rebellierte gegen die überkommene Ordnung, und die Stände forderten die Herrschaft. Doch Gustav III. griff durch. Ihm gelang sogar das Kunststück, in unsicherer Zeit seine Macht zu festigen. Das kostete allerdings Kraft und bedurfte regelmäßiger Erholung. Deshalb zog sich der König jeden Sommer nach Drottningholm zurück. Das »heiterste Schloss Schwedens« liegt auf der Insel Lovön im Mälarsee und ist von Stockholm am bequemsten per Schiff zu erreichen. Heute wird die Linie von einem Dampfer bedient, der aus der Zeit um 1900 stammt. Gustav III. ließ sich noch auf einer Prunkbarke übersetzen und genoss die Wochen auf seiner ›Insel der Seligen‹ in vollen Zügen. Drottningholm ist nicht nur wegen seines ›Blauen Schlafzimmers‹ mit dem aufwändig verzierten Himmelbett berühmt, sondern auch wegen seiner Bibliothek. Goldene Buchrücken zieren ganze Wände. Im Schlosspark gab es weitere Möglichkeiten exquisiter Zerstreuung. Den zauberhaften

Drottningholm ist heiter. Und diese Heiterkeit setzt sich in der Landschaft fort. Da ist die Bucht des Mälarsees, da ist der verspielte Park, da tanzen verschwenderisch viele kleine Springbrunnen, und Tausende von roten Tulpen leuchten im Frühjahr entlang der Wege. Und dann die kleine, von hohen Hecken umfangene Freilichtbühne. Hinter den Büschen verbergen sich die Zugänge für Elfen, Feen und Kobolde, für Götter und verliebte Erdenmenschen, die in einer hellen Mittsommernacht vielleicht auch einmal Theater spielen möchten.

Bengt Paul, *Drottningholm*, 1971

Chinesischen Pavillon mit seinen exotisch anmutenden Figurinen, Vasen und Seidentapeten suchte Gustav III. bevorzugt an lauen Abenden auf, um im kleinsten Kreis zu speisen. Nach jedem Gang konnte er die Tafel auf Knopfdruck versenken. Unten warteten schon die Küchenjungen, um den Tisch flugs abzuräumen, neu einzudecken und mit den nächsten Köstlichkeiten nach oben zu kurbeln. Zeigt sich schon hier die Freude des Königs an mechanischer Spielerei, so steigert sich dieser Eindruck noch im Schlosstheater, einem eigenständigen Bau, der ein paar hundert Schritte vom Schloss entfernt liegt. Mit seiner voll funktionstüchtigen Maschinerie aus dem 18. Jahrhundert, ersonnen und konstruiert von einem genialisch begabten Mechanicus aus Italien, zählt er zu

den bedeutendsten Beispielen seiner Art in Europa. Kein anderes historisches Theater nördlich der Alpen ist über die Jahrhunderte so unverändert erhalten geblieben. Aus den Tagen Gustavs III. sind sogar noch Wind- und Wellenmaschinen, Donnerapparate, fahrbare Wolken und große Petroleumlampen mit Wechselrahmen für bunte Glasvorsätze vorhanden – Vorläufer der heutigen Scheinwerfer. Als kostbarstes Erbe gelten die über dreißig größtenteils vollständigen Bühnendekorationen, in denen schon Gustav III. höchstselbst als Schauspieler agierte. So ganz hatte er seinen ursprünglichen Berufswunsch nämlich nie vergessen. In Drottningholm soll er einmal innerhalb weniger Wochen 2456 Vers- und über 1000 Prosazeilen auswendig gelernt haben, um während des sommerlichen Aufenthalts gleich in mehreren Stücken und Rollen aufzutreten. Außerdem versuchte er sich gelegentlich als Regisseur. Der Hof applaudierte höflich, die politischen Gegner aber machten sich lustig über die Theaterleidenschaft des Königs. Wohlmeinende Stimmen rieten ihm, »den Mantel des Komödianten abzulegen«, um nicht der allgemeinen Lächerlichkeit anheim zu fallen. Daraufhin hängte Gustav III. die Schauspielerei tatsächlich an den Nagel. Dass er trotzdem als Bühnenfigur weiterleben würde, konnte er nicht ahnen. Sein Ende war jedoch tragisch genug, um einen guten Stoff abzugeben. Am 29. März 1792 fiel der König bei einem Kostümfest im Stockholmer Opernhaus einem Pistolenattentat zum Opfer. Von diesem Ereignis ließ sich der französische Dichter Eugène Scribe zu einem Drama inspirieren, das dem Komponisten Giuseppe Verdi als Vorlage für seine 1859 uraufgeführte Oper *Ein Maskenball* diente.

1 Gustav III., Gemälde von A. Roslin
2 Die Gartenseite des Schlosses
3 Kulisse im Schlosstheater von Drottningholm
4 Hier residiert seit 1981 das schwedische Königspaar. Damit ist Drottningholm das eigentliche Königsschloss Schwedens.

2

3 4

SCHLOSS NYMPHENBURG
München

SCHLOSS NYMPHENBURG
Deutschland, München,
1664–1779
Baumeister: Agostino Barelli,
Enrico Zuccalli, Joseph
Effner u. a.

Das ganze Land war im Freudentaumel. Nach mehr als zehn Ehejahren hatte Kurfürstin Henriette Adelaide von Bayern endlich den Thronfolger geboren. Der stolze Vater des kleinen Max Emanuel, Kurfürst Ferdinand Maria, konnte sein Glück kaum fassen. Vor lauter Dankbarkeit schenkte er der »geliebtesten Gemahlin und Wöchnerin« eine Hofmark vor den Toren seiner Hauptstadt München. Dort sollte sie sich ein Sommerschloss errichten lassen. Die Beschenkte, als Tochter des Herzogs von Savoyen in Turin aufgewachsen, gab sich kapriziös: Das wolle sie gerne tun, allerdings seien die bayerischen Baumeister in ihren Augen »piu idioti nell'edificare«. Deshalb wurde ein Italiener mit den Planungen beauftragt, der Bologneser Agostino Barelli. Nach seinen Skizzen entstand ein mächtiger Pavillon, der heutige Mittelbau des Schlosses, den die Kurfürstin in ihrer Muttersprache als ›Borgo delle Ninfe‹, zu Deutsch ›Nymphenburg‹, bezeichnete. Max Emanuel, dem Sohn, der mit 14 Jahren seine Mutter und drei Jahre später auch den Vater verloren hatte, war das »Lusthauß« bald zu klein. Von Natur aus mit großem Selbstbewusstsein gesegnet und schon mit 21 Jahren als tollkühner Kriegsherr im Kampf gegen die Türken gefeiert, hatte sich der jugendliche Kurfürst und Hasardeur nichts weniger vorgenommen, als den Prunk des französischen Sonnenkönigs in den Schatten zu stellen – und Kaiser zu werden. Um diesen Anspruch

Als die Gäste in sechsspännigen Karossen von der Stadt heranfuhren, strahlte ganz Nymphenburg in feenhafter Beleuchtung. Vor der Kaskade kreuzten sich die Wagenreihen, so dass die Damen und Herren die Wasserkünste betrachten konnten. Dann wurde ins Schloss gebeten – zum Soupé en public mit Musik im großen Saal.

Pierre de Brétagne, *Vergnügungen und Feste am Hofe Max Emanuels*, München 1723

buchstäblich zu untermauern, ließ er rund um München ein halbes Dutzend Schlösser errichten und baute Nymphenburg, das Erbe seiner Mutter, zu einer der weitläufigsten Palastanlagen Europas aus. Hunderte türkischer Kriegsgefangener sollen die Kanäle ausgehoben haben, auf denen sich Max Emanuel mit seinen Gästen zu den Klängen der Hofkapelle in prächtigen venezianischen Gondeln durch den Park rudern ließ, während Feuerwerke den nächtlichen Himmel taghell erleuchteten. Obwohl die Staatskasse längst leer und jeder Gedanke an

die Kaiserherrschaft hinfällig war, baute Max Emanuel weiter. Als eine seiner originellsten Schöpfungen gilt die Badenburg im Schlosspark zu Nymphenburg – eine Art Quellheiligtum zu Ehren der Nymphen samt einem veritablen Schwimmbecken, das damals eines der ersten beheizbaren Hallenbäder Europas war. Pierre de Brétagne, der Beichtvater Max Emanuels, rühmte die Badenburg »als rechtes Meisterstück der Kunst, und zu dem, wozu es gebaut worden ist, der bequemste Ort der Welt«. Den Hofbeamten freilich stand das Wasser nun erst recht bis zum Hals: Als Max Emanuel 1726 starb, hinterließ er Schulden in Höhe von 26 Millionen Gulden – das Siebenfache des jährlichen Steueraufkommens in Bayern.

1 *Blick über Schloss und Kanal nach Schwabing*, nach einem Gemälde von Franz Joachim Beich, um 1722
2 Ansicht des Schlosses von Osten
3 Die Badenburg mit ihrem mehrstöckigen Baderaum
4 Kaskade im Schlosspark

HET LOO
Niederlande, Apeldoorn,
1686–1699
Baumeister: Jacob Roman
und Daniel Marot

Wenn Het Loo einem Pfadfinderlager glich und kein einziges Bett unbenutzt blieb, war Wilhelmina, Königin der Niederlande (1880–1962), in ihrem Element. Nur eine Sorge trieb sie noch um: Dass ihre jugendlichen Gäste hungrig von der Tafel im ›Großen Esszimmer‹ aufstehen könnten. »Ich werde euch was erzählen, falls eines der Kinder zu kurz kommt«, pflegte sie ihr Personal im Vorfeld solcher Einladungen anzuraunzen. Die Königin, die in ihrer Rolle als ›Mutter der Nation‹ derart aufging, dass man munkelte, sie würde statt des Szepters viel lieber den Kochlöffel schwingen, galt schon immer als volksnah – als resolut allerdings auch: Der britische Premier Winston Churchill gestand, die Königin der Niederlande sei die einzige Frau, die er fürchte. Ihren engsten Mitarbeitern ging es nicht anders. Selbst die Minister wurden von ihr nicht selten wie Schuljungen abgekanzelt. Ihr entging nichts, und sie konnte laut werden – was der gläubigen Protestantin hinterher oft Leid tat: »Das war nicht im Sinne der Bergpredigt«, entschuldigte sie sich in solchen Fällen. Überhaupt dürfte sie zarter besaitet gewesen sein, als es

Wie lag Het Loo gestern Abend in unvergleichlicher Verlassenheit da mit seinen Laternen, die für niemanden mehr erstrahlen, mit seinen Wachtposten, die niemanden mehr beschützen, mit seinen verschlossenen Gittern und seinen unbeleuchteten Fenstern, hinter denen kein Leben mehr ist! Alles wirkt so leer und still. Mit Königin Wilhelmina, der letzten Bewohnerin, ist auch das Schloss gestorben.

Thijs Booy, *Es ist nun still auf Schloss Het Loo. Betrachtungen zur Erinnerung an Königin Wilhelmina der Niederlande*, 1964

nach außen hin den Anschein hatte. In Het Loo verkroch sie sich ängstlich in ihre Privatgemächer, sobald ein Gewitter am Himmel heraufzog.

Die nordwestlich von Apeldoorn gelegene Sommerresidenz der königlichen Familie galt als Lieblingsaufenthalt Wilhelminas. In den verschwenderisch eingerichteten Räumen hatte sie nicht nur die glücklichsten Tage ihrer Kindheit verbracht, woran noch die Kisten mit ihren Spielsachen und das alte Steckenpferd erinnerten. Het Loo war auch das Ziel ihrer Hochzeitsreise gewesen. Und im Park stand noch immer jenes Gartenhäuschen, das ihr Vater für sie gezimmert hatte. Kein Wunder, dass sich Wilhelmina hierher zurückzog, als sie 1948 zugunsten ihrer Tochter Juliane auf den Thron verzichtete. Das ›Schloss in den Wäldern‹, umgeben von ausgedehnten Jagdgründen, war ihr eigentliches Zuhause. Außerdem fand sie in der allernächsten Umgebung die schönsten Motive. Noch heute ist im Marstall von Het Loo das berühmte ›Malerwägelchen‹ zu sehen, in dem sie sich samt Staffelei und Ölfarbe durch den Schlosspark kutschieren ließ, um leuchtende Blumenwiesen, windgepeitschte Baumgruppen oder bizarre Wolkenstimmungen auf die Leinwand zu bannen. Sie wusste die Annehmlichkeiten ihres Standes durchaus zu schätzen, liebte Kronleuchter und kostbares Geschirr. Trotzdem war sie nicht abgehoben: Schmeicheleien bezeichnete sie als ›Hoftollwut‹ oder ›Hermelinfieber‹. Und 1945, als Hunger und Not im kriegszerstörten Land herrschten, verschenkte sie ihre Pelzmäntel und ließ die gepflegten Rasenflächen von Het Loo umackern, um Erbsen, Kohl und Bohnen für die darbende Bevölkerung anzubauen. Das vergaß man ihr nie. Nachdem Wilhelmina 1962 als letzte Bewohnerin auf Het Loo gestorben war, »verließ sie das Schloss nicht als Königin, sondern als Frau des Hauses«, wie ihr einstiger Privatsekretär schreibt: »Einfache Männer aus den umliegenden Dörfern und Wäldern trugen ihren Sarg hinaus. Selbst der Leichenwagen wurde nicht von Hofexzellenzen oder Regierungsangehörigen begleitet, sondern vom einfachen Volk. Die ländliche Schlichtheit war so vollkommen, dass am Straßenrand Ackergäule standen, um der Königin das letzte Geleit zu geben. Sie, die große Tierfreundin, hätte das zweifellos ergreifend gefunden.«

5

1 Het Loo, kolorierter Stich, 18. Jahrhundert
2 Das Innere des Schlosses ist üppig ausgestattet.
3 Die vornehm-zurückhaltend gestaltete Straßenansicht
4 Von 1686 bis 1975 war Het Loo der bevorzugte Sommersitz der niederländischen Herrscherfamilie.
5 Himmelsglobus, Venusbrunnen und Erdglobus im Barockgarten des Schlosses

4

SCHLOSS SCHÖNBRUNN   Wien

SCHLOSS SCHÖNBRUNN
Österreich, Wien, 1696–1873
Baumeister: Johann Bernhard
Fischer von Erlach, Nikolaus
Franz Leonhard Frhr. von
Pacassi, Johann Aman

Kaiserin Maria Theresia (1717–1780) besaß nicht nur Familiensinn und Mutterwitz, sondern auch hausfrauliche Qualitäten. Als sie sich entschlossen hatte, die Sommermonate künftig in Schönbrunn, dem verwaisten Jagdschloss ihres verblichenen Vaters, zu verbringen, gab sie Ordre, dort erst einmal aufzuräumen, dann »alle Fenster waschen zu lassen und die Böden zu reiben«. Mit Putzen allein war es allerdings nicht getan – es regnete durchs Dach, die Wände waren feucht, vor allem aber brauchte die kaiserliche Familie mehr Platz. Denn die Ehe Maria Theresias mit Franz Stephan von Lothringen war nicht nur glücklich, sondern auch mit 16 Kindern gesegnet. Und die wollten untergebracht sein, zumal jedes Kind sein eigenes Personal hatte. Schon der Hofstaat des 13-jährigen Thronfolgers umfasste 32 Personen. Deshalb sollte »Schönbrunn nicht nur repariert, sondern auch erweitert werden«. Obwohl sie sonst durchaus sparsam

Alles entspricht hier der Größe der Monarchin, die es bewohnt. Das Gebäude ist prächtig, die Möblierung kaiserlich und nach dem feinsten Geschmack. Das Innere wird jedem Fremden gezeigt, sobald die Monarchin nicht zugegen ist. Interessenten haben sich deshalb an den Schlosshauptmann zu wenden.

Johann Edler von Kurzböck, *Neueste Beschreibung aller Merkwürdigkeiten Wiens*, 1779

und entsprechend entsetzt war, dass die Hofküche allein für Petersilie 4000 Gulden pro Jahr verrechnete, scheute Maria Theresia keine Kosten. Dem Hofbauamtsdirektor ließ sie ausrichten, »er solle schauen, dass etwas Gutes daraus werde und nicht auf 20 000 Gulden mehr oder weniger achten«. Am Ende des jahrelangen Umbaus war aus dem einstigen Jagdschloss eine glanzvolle Residenz mit 1400 Zimmern geworden. Bei der Gestaltung der Räume hatte sogar die kaiserliche Familie mit Hand angelegt. Die blauen Tuschzeichnungen an den Wänden des Porzellanzimmers und die Aquarelle im Miniaturenkabinett sind Schöpfungen von Franz Stephan und dreien

der Töchter. In Schönbrunn regierte das häusliche Glück. Den Kindern zuliebe hatte Maria Theresia das Hofzeremoniell gelockert. Sie kümmerte sich um alle Belange der Familie, erledigte Gartenarbeit und schlug keine Aufforderung zum Brettspiel aus. Ihre Verpflichtungen als Regentin verlor sie dennoch nicht aus den Augen: In Schönbrunn empfing die ›Erste Dame Europas‹ Minister und Generäle, Diplomaten und gekrönte Häupter, Dichter und Philosophen – und den sechseinhalbjährigen Wolfgang Amadeus Mozart. Das gefeierte ›Wunderkind‹ spielte am 13. Oktober 1762 im Spiegelzimmer vor Maria Theresia und schloss die Kaiserin sofort ins Herz: »Vom Cembalo weg ist Wolfgang auf ihren Schoß gesprungen, hat sie umarmt und rechtschaffen abgeküsst«, berichtet Vater Leopold Mozart, der in jenem Moment recht erschrocken gewesen sein soll. Maria Theresia aber habe herzlich gelacht und gesagt: »Lasst ihn nur, er meint's doch ehrlich. Ich kenn' mich aus mit junge Leut', hab' ja selbst genug davon!«

1 Gloriette im Schlosspark
2 Gartenfassade
3 Palmenhaus im Schlosspark
4 *Die Gartenansicht des Kaiserlichen Schlosses*,
   Gemälde von Bernardo Bellotto, gen. Canaletto, um 1759
5 *Kaiser Fanz I. und Maria Theresia im Kreise ihrer Familie*,
   Gemälde von Martin van Meytens, um 1754/55
6 Große Galerie

6 >

Sein Vater soll vergiftet worden sein. Und von seiner Mutter sagte man, sie habe dabei ihre Finger im Spiel gehabt. Das Schicksal meinte es nicht gut mit dem jungen Eugen von Savoyen (1663–1736). Die Verwandtschaft sah in dem verwachsenen Prinzen mit dem überlangen Kinn und der zu schmal geratenen Oberlippe »einen liederlichen Buben, der gar keine Hoffnung zu irgendwas« gebe. Und die Großmutter strich ihm die Apanage, als er sich ihrem Diktat widersetzte, Priester zu werden, um stattdessen die Offizierslaufbahn einzuschlagen. Die französische Armee wollte ihn aber auch nicht. Er sei zu klein. So kam Prinz Eugen 1683 als 19-jähriger Habenichts nach Wien. Vor den Toren der habsburgischen Haupt- und Residenzstadt standen die Türken, und die

Wenn man in die Vorstadt hinausfährt, sieht man ein prachtvolles Bauwerk, das alle anderen Paläste in und außerhalb von Wien übertrifft. Es ist das unvergleichliche Schloss des Prinzen Eugen von Savoyen, des größten Helden unserer Zeit. Traumhaft ist von hier aus der Blick auf die Stadt, welcher besonders zu genießen ist, wenn man auf dem großen Wasserbassin in einer der kleinen Gondeln gefahren wird.

Nach Johann Basilius Küchelbecker, *Allerneueste Nachricht vom römisch-kaiserlichen Hofe nebst einer ausführlichen historischen Beschreibung der Residenzstadt Wien*, 1730

UNTERES BELVEDERE UND
OBERES BELVEDERE
Österreich, Wien, 1700–1724
Baumeister: Lukas von Hildebrandt

kaiserlichen Truppen brauchten jeden Mann. Der »landfremde Prinz« wurde sofort eingekleidet – und machte dank seiner Begabung für das Kriegshandwerk eine geradezu atemberaubende Karriere: Mit zwanzig war er Regimentskommandeur, mit dreißig Feldmarschall, mit vierzig Präsident des Hofkriegsrates und damit der wichtigste Minister im Habsburgerreich. Jeder neue Posten war höher dotiert als der vorherige. Dazu kamen großzügige Geldgeschenke, mit denen der Kaiser seinen tüchtigsten Untertan nach jedem Sieg bedachte. Schließlich ließ sich

Prinz Eugen, »der edle Ritter«, »heimlicher Kaiser« und »Schöpfer der Großmacht Österreich«, von dem großen Baumeister Lukas von Hildebrandt eine Sommerresidenz errichten, die den Vergleich mit den Prunkbauten der Habsburger nicht zu scheuen brauchte. Die Verwandtschaft erblasste vor Neid, Zuspruch hingegen kam von dem französischen Schriftsteller Montesquieu. Er meinte, es sei ein wunderbares Gefühl, in einem Land zu weilen, in dem die Untertanen weitaus nobler wohnten als die kaiserliche Familie. Auch die Gäste, die zu den glanzvollen Empfängen des Prinzen geladen waren und von türkisch gewandeten Dienern mit »Confecturen, Obst-Werk, Caffé und Limonade« verwöhnt wurden, zeigten sich begeistert: »Nichts ist schöner, als eine Zusammenkunft im Schloss dieses Prinzen zu erleben. Der Ehrenhof und die Gärten sind dann mit einer Unzahl von Laternen wie von magischer Hand beleuchtet«, so ein Zeitgenosse. Ebenso gerühmt wurden die Gemäldegalerie, die Bibliothek und das Porzellankabinett des Prinzen. Insbesondere die Menagerie sorgte für Aufsehen, etwa als einer der zahmen Löwen des Prinzen zum Schrecken der geladenen Gäste bei Tisch erschien. Außerdem, so hörte man, gäbe es unter den seltenen Tieren einen Doppeladler – eine Mär, die Prinz Eugen nie dementierte.

Nach dem Tod des Prinzen endeten die meisten Tiere im Zirkus. Auch seine sonstigen Kostbarkeiten wurden verkauft und in alle Winde zerstreut – von einer Nichte, die zur Erbin erklärt worden war. Denn Eugen von Savoyen hinterließ keine direkten Nachkommen. Er hatte nie geheiratet, weil eine Frau für den Kriegsmann angeblich ein »lästiges Möbel« war, das den liebenden Gatten nur davon abhielte, im Kampf aufs Ganze zu gehen.

1 Eingangsfassade des Oberen Belvedere
2 *Prospekt des hochfürstlichen Gartens des Prinzen Eugen im Belvedere*, Stich von J. A. Corvinus
3 Prinz Eugen, Porträt eines unbekannten Malers
4 *Die Menagerie des Prinzen Eugen*, kolorierte Zeichnung von Salomon Kleiner, 1734
5 Das Schloss mit dem Barockgarten
6 Blick auf den Park zwischen Oberem und Unterem Belvedere
7 Die Sala terrena im Erdgeschoss des Oberen Belvedere

5

6

7

BUCKINGHAM PALACE
Großbritannien, London,
1703–1913
Baumeister: John Nash,
Edward Blore u. a.

Die Liebe zu Hunden liegt in der Familie. Schon über Königin Victoria wird berichtet, sie habe – von ihrer Krönung in der Westminster Abbey in den Buckingham-Palace zurückgekehrt – nichts Dringlicheres zu tun gehabt, als ihren Lieblingsspaniel Daisy mit hochgekrempelten Ärmeln zu baden. Königin Elisabeth II., die heutige Hausherrin im Buckingham Palace, steht ihr darin kaum nach. Sie ist ganz vernarrt in ihre fuchsähnlichen Welsh Corgies. Außerdem züchtet sie Labrador Retrievers, denen sie so schöne Namen wie ›Sandringham Slipper‹ oder ›Sherry of Biteabout‹ gibt. Die Geschichte des Buckingham Palace jedoch dreht sich nicht nur um Hunde – sie begann mit einem vergleichsweise bescheidenen Landhaus des Herzogs von Buckingham. Die Gegend war damals noch ziemlich sumpfig. Erst als der Boden entwässert, die Lehmschicht abgetragen und zu Ziegeln verarbeitet war, entstand auf dem so gewonnenen Baugrund das heutige Nobelviertel Belgravia. Zur

> *Der Buckingham Palace, die gegenwärtige Residenz der Königin, ist nicht ganz so hässlich wie St. James, das alte Königsschloss, das wie eine Karikatur seiner selbst wirkt. Und doch kann man nicht sagen, dass der Buckingham Palace um so viel schöner wäre. Es gelingt ihm jedenfalls nicht, die Langeweile zu tilgen, die ihm auf der Stirn steht.*
>
> Theodor Fontane, *Ein Sommer in London*, 1854

gleichen Zeit mauserte sich das alte Landhaus, das in den Besitz der königlichen Familie übergegangen war, dank großzügiger Erweiterungen zu einer luxuriösen Residenz. Als erste Regentin erklärte Königin Victoria den Buckingham Palace mit seiner kalten Pracht zu ihrem Londoner Wohn- und Regierungssitz. Seither gilt er als das Symbol der britischen Monarchie. Für die Untertanen, die sich schon im 19. Jahrhundert am farbenprächtigen Zeremoniell der täglichen Wachablösung

ergötzten, blieben die Tore des Palastes freilich verschlossen. Das hat sich inzwischen geändert. Den Gesichtsverlust, den die britische Monarchie in der Vergangenheit wegen ihrer hausgemachten Skandale erlitt, versucht das Königshaus damit wettzumachen, dass es sich öffnet. Seit 1993 ist der Buckingham Palace erstmals in seiner Geschichte zugänglich – wenn auch nur in den Sommermonaten. Dass lediglich 19 der insgesamt 600 Räume besichtigt werden können, lässt sich verschmerzen. Denn nebenan, im einstigen Marstall gibt es nicht nur die königlichen Bentleys und Rolls-Royces zu sehen, sondern auch die prunkvolle Staatskarosse aus der Zeit Georgs III., die wegen ihrer Übelkeit verursachenden Federung berüchtigt war und auf Anweisung von Königin Elisabeth II. neue Stoßdämpfer erhielt.

2002 geschah etwas Unerhörtes: Anlässlich ihres goldenen Thronjubiläums lud die Queen zu einem Popkonzert in den Garten des Buckingham Palace. Ganz wohl scheint ihr dabei freilich nicht gewesen zu sein. Den auftretenden Stars, darunter Elton John, Paul McCartney und Tom Jones, ließ sie zuvor eine Liste mit Benimmregeln zustellen. Es sei verboten, kurze Hosen zu tragen, die Brust zu entblößen, zu brüllen, Drogen zu nehmen und Löcher in den Rasen zu graben. Die Musiker hielten sich daran. Dennoch fand Elisabeth II. einen Anlass, ›not amused‹ zu sein: Die Rockversion von *God save the Queen*, die der einstige ›Queen‹-Gitarrist Brian May auf dem Dach des Buckingham Palace stehend zum Besten gab, überzeugte sie nicht.

1 Das Schlosstor
2 *Die Ostansicht des Buckingham Palace*, Aquarell von John Nash, 1848
3 Hauptansicht des Buckingham Palace
4 Die berühmte Wachablösung findet jeden Tag um 11.30 Uhr statt.

2

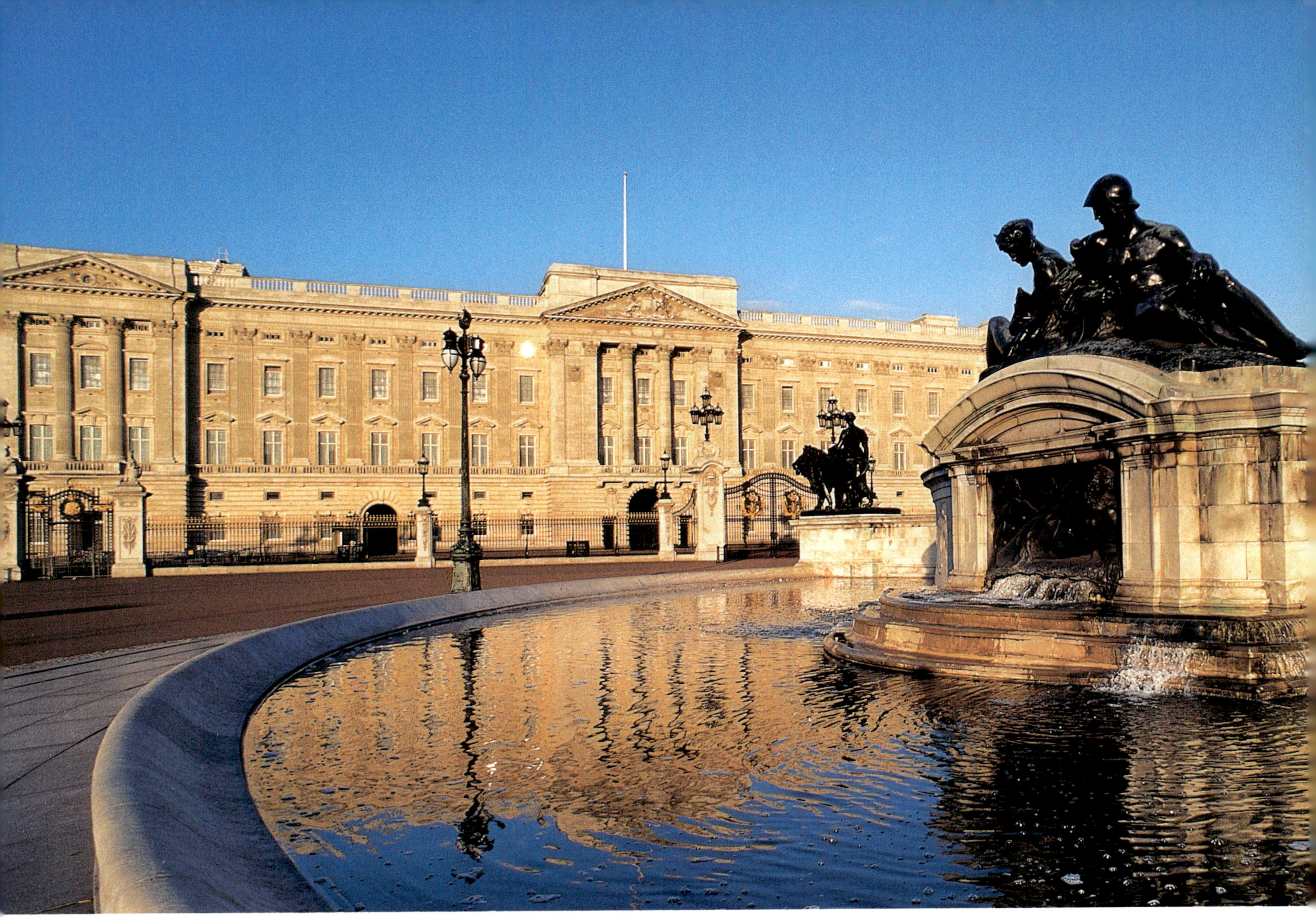

3

4

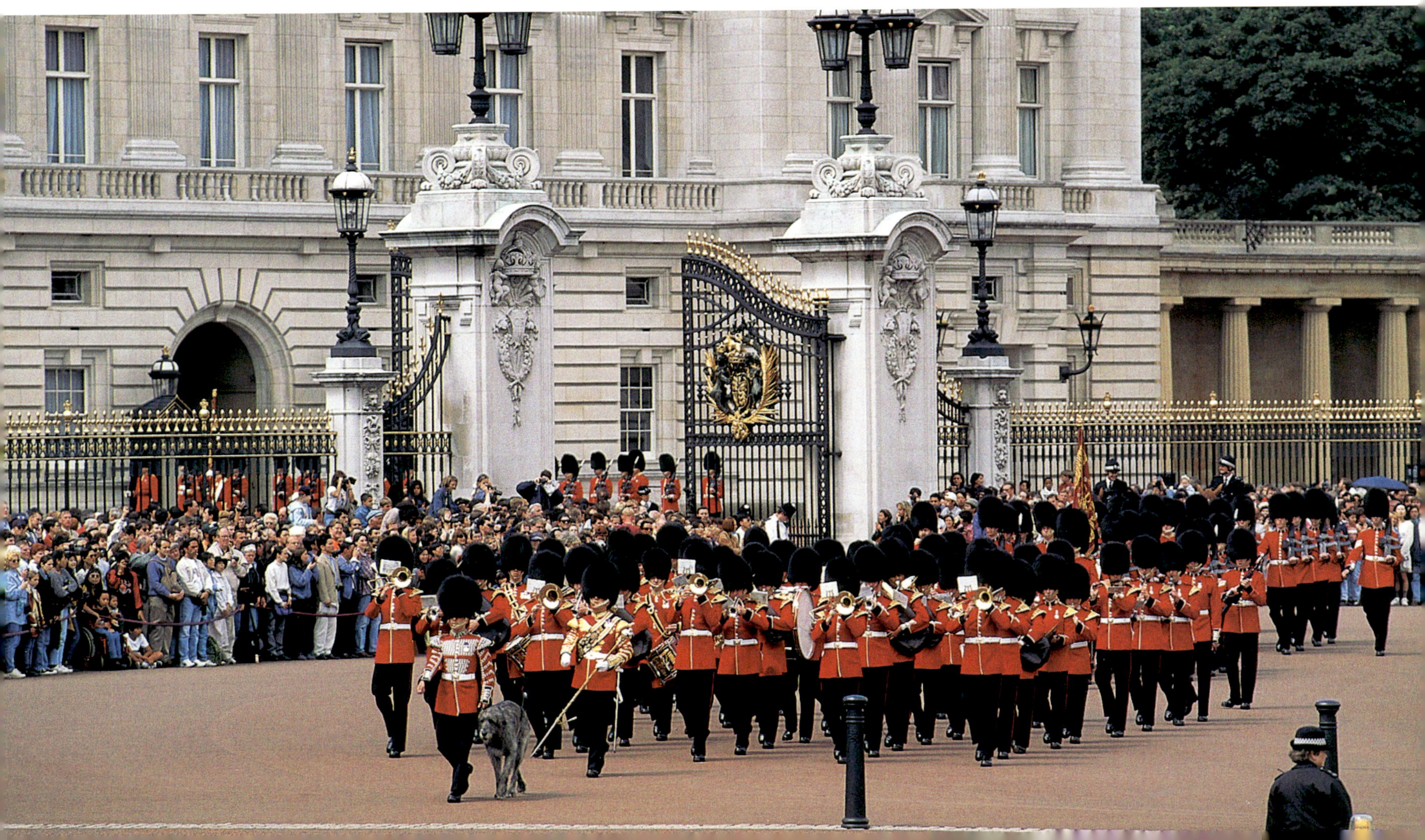

ZWINGER Dresden

ZWINGER
Deutschland, Dresden,
1709–1732
Baumeister: Matthäus Daniel
Pöppelmann
Bildhauer des Figuren-
schmucks: Balthasar Permoser

Es war der Karfreitag des Jahres 1701. In den Gotteshäusern der sächsischen Residenzstadt Dresden gedachte man gerade der Leiden Christi, als plötzlich die Feuerglocken bimmelten: Das Schloss stand in Flammen! Vom Dachgeschoss des Georgenbaus fraß sich der hoch lodernde Brand durch mehrere Trakte und Stockwerke, zerstörte die gewaltige Holzdeckenkonstruktion des ›Riesensaales‹ und machte, vom Löschwasser eingedämmt, erst vor den Appartements Augusts des Starken Halt. Der sächsische Kurfürst, der vier Jahre zuvor auch noch König von Polen geworden war, in jenen Tagen fern der Elbe weilte und erst durch eine Depesche von der Feuersbrunst erfuhr, zeigte sich überraschend unbeeindruckt. Er hatte sich im Schloss seiner Vorfahren schon seit längerem beengt gefühlt und sah in der Brandkatastrophe die willkommene Gelegenheit, das alte Gemäuer gänzlich abzureißen und auf dem planierten Areal eine neue, großzügige und wahrhaft königliche Residenz zu errichten. Verwirklicht wurde allerdings nur ein Teil der opulenten Vision: der Zwinger. Genau genommen ist er zwar nicht viel mehr als ein Festplatz, eingefasst von Galerien und Pavillons im Stil einer Orangerie, von einem ›Nymphenbad‹ und dem ›Kronentor‹. Die übermütige Ver-

Dresden scheint ein bloßes Lustgebäude zu sein, worin sich alle Erfindungen der Baukünste aufs Angenehmste miteinander vermischen. Ganz unvergleichlich aber ist der Zwinger. Das Geringste, was man von diesem so prächtig ausgeführten Lustgarten sagen kann: Er gilt mit allem Recht als irdisches Paradies – vor allem wegen seiner ungemein herrlichen Bauart. Nicht leicht lässt sich in der Welt Schöneres finden.

Johann Michael von Loen, *Sylvanders von Edel-Leben zufällige Betrachtungen*, 1726

spieltheit seiner Architektur und die Fülle seines Figurenschmucks machen ihn aber zu einem der originellsten Bauwerke jener Epoche. Das erste rauschende Fest fand hier anlässlich der Vermählung des sächsischen Kurprinzen Friedrich August mit der Kaisertochter Maria Anna statt. Am 20. September 1719 lud August der Starke als Vater des Bräutigams zum ›Jahrmarkt der Nationen‹ mit Harlekinaden, Musikanten und Seiltänzern, Budenzauber, italienischer Komödie, Marionettentheater und Lotterie. Im Innenhof hatte man Bühnen und ein ›türkisches Serail‹ aufgebaut, in den provisorisch fertig gestellten Pavillons bogen sich lange Tafeln unter allerlei Köstlichkeiten. Die meisten Gäste waren kostümiert, August der Starke brillierte in der Rolle des Wirts – gleichsam als Nährer seines Landes, der aus dem Vollen schöpft und der Not erst gar keinen Schwung lässt. Noch manche Feste wurden hier gefeiert, doch bald sollte der Lärm verstummen: 1728 wandelte sich der Zwinger von der ›steinernen Festkulisse‹ zum ›Palais Royal des Sciences‹ – zum Aufbewahrungsort der kurfürstlich-königlichen Sammlungen. Die Anordnung dazu hatte August der Starke im Jahr 1728 selbst erlassen: »Ich wünsche, dass nunmehr Meine Bibliothek, alle Pretiosen und Antiquitäten, die Animalien, Naturalien und Insekten, die Medaillen, Kupferstiche und Kräuterbücher, die Anatomiekammer und alle zur Astronomie, Chirurgie, Mathematik, Physik etc. gehörenden Gerätschaften nebst allen anderen Kuriositäten in den Zwinger gebracht werden.« Dort konnte man die Schätze gegen vier Gulden »Verehrung« jederzeit bewundern. Ein Besuch der Sammlungen lohnt sich auch heute noch. Unter den Kostbarkeiten findet sich nicht nur ein arabischer Himmelsglobus aus dem 13. Jahrhundert, sondern auch die älteste Rechenmaschine der Welt, entwickelt 1642 von Blaise Pascal.

5

1 Hermenpilaster am Wallpavillon
2 Porträt von August dem Starken, dem Begründer der Barockstadt Dresden, Kupferstich von Johann Martin Bernigeroth
3 Das kurfürstliche Schloss von Dresden vor dem Brand, Kupferstich von A. Weck, 1680
4 Der Zwinger, das Wahrzeichen von Dresden
5 Das Nymphenbad

Im Dorf der Zaren – Zarskoje Selo

KATHARINENPALAST bei St. Petersburg

1

Heute heißt das Städtchen ›Puschkin‹ – nach dem großen russischen Dichter, der in seinen Jugendjahren das exklusive Alexander-Lyzeum im Schlosspark besuchte und später eine Datscha ganz in der Nähe besaß. In jenen Tagen nannte man die Sommerfrische vor den Toren der damaligen Hauptstadt St. Petersburg ›Zarskoje Selo‹ – zu Deutsch: ›Zarendorf‹. Denn hierher zogen sich die russischen Herrscher besonders gern zurück: Seit 1837 Endstation der von St. Petersburg ausgehenden ersten Eisenbahnlinie Russlands, war der bevorzugte Familiensitz der Zaren eine abgeschirmte Welt für sich – und ungemein prunkvoll. Der Katharinenpalast mit seiner 325 Meter breiten Fassade gilt als eines der prächtigsten Beispiele europäischer Schlossbaukunst und wurde als »barockes

Wenn das Wetter schön war, unterbrachen der Zar und seine Kinder jeden Vormittag Schlag elf Uhr die Arbeit, um eine Stunde an die frische Luft zu gehen. Manchmal kletterten sie in kleine Ruderboote und fuhren über die Kanäle von Zarskoje Selo. Und im Winter hatten sie Spaß am Schneeschaufeln, Burgenbauen und Schlittenfahren im Park.

Anna Wirubowa, *Memoiren vom Leben am Zarenhof Nikolaus' II.*, 1923

KATHARINENPALAST
Russland, bei St. Petersburg,
1718–1724,
erweitert 1752–1757,
Baumeister: Bartolomeo
Francesco Rastrelli

Meer himmelblauer Mauern und weißer Säulen« besungen. Zu seinen kostbarsten Gemächern gehörte bis 1941 das vielbestaunte ›achte Weltwunder‹ – eine einzigartige Raumschöpfung, deren Verschwinden zu einem Mythos der jüngsten Geschichte geworden ist: das ›Bernsteinzimmer‹. Im warmen Schimmer seiner kerzenerleuchteten Paneele soll sich Katharina die Große einst an langen Winterabenden dem Kartenspiel hingegeben haben. Kurzweil versprach auch der rund 600 Hektar große Park mit künstlichen Ruinen, Pavillons, Teehäusern, orientalischen Bädern, einer holländischen Meierei und einem chinesischen Dorf. Auf den Kanälen schaukelten

taiwanesische Dschunken, brasilianische Fischerboote und eine ganze Flotte von Miniaturgaleeren; zwischen kulissenhaft angeordneten Baumgruppen versteckten sich Säulen und Obelisken, die an den Sieg über die Türken erinnerten – oder an den Tod eines Schoßhasen aus dem Besitz der Zarenkinder. Die Romanows, die Russland seit 1682 regierten, waren ungewöhnlich tierlieb – bis hin zu Nikolaus II., der 1868 in Zarskoje Selo geboren wurde und der letzte Zar des riesigen Reiches sein sollte. Mit seinen elf schottischen Hirtenhunden streifte er so oft wie möglich durch den Park. Der erklärte Liebling seines Sohnes, des bluterkranken Zesarewitsch, war dagegen eine große, graue Katze, die sogar im Bett des Thronfolgers schlafen durfte. Allerdings wohnte die Familie längst nicht mehr im Katharinenpalast, der nur noch zu zeremoniellen Anlässen und – während des Ersten Weltkriegs – als Lazarett benutzt wurde. Stattdessen hatte Nikolaus II. den deutlich bescheideneren Alexander-Palast in einem abgelegenen Winkel des Parks als Domizil für sich und die Seinen herrichten lassen. Von hier aus trat die Zarenfamilie schließlich auch ihre letzte Reise an. Nach dem blutigen Ende der Monarchie in Zarskoje Selo unter Hausarrest gestellt, wurde sie eines Morgens gegen fünf Uhr früh abtransportiert, um nie mehr zurückzukehren. Am 16. Juli 1918 starb Nikolaus II. samt seiner deutschstämmigen Gemahlin Alexandra und den fünf Kindern in Jekaterinenburg im Kugelhagel eines bolschewistischen Hinrichtungskommandos.

1 Das Schlosstor
2 Zar Nikolaus II. mit seinem Sohn Alexander beim Schneeschaufeln in Zarskoje Selo
3 Das »barocke Meer« der Schlossfassade
4 Das Bernsteinzimmer, seit 1944 verschollen, Rekonstruktion, 2003 abgeschlossen

2

3

4

Es war ein Skandal. Jahrelang hatte der Hofkammerdirektor des Fürstbistums Würzburg stattliche Summen unbemerkt in sein Privatsäckel fließen lassen. Schließlich aber kam die Sache ans Licht – und vor Gericht. Der Missetäter musste die unterschlagenen Gelder samt und sonders zurückzahlen. Der unerwartete Geldsegen, der sich auf diese Weise über den Würzburger Fürstbischof Johann Philipp Franz von Schönborn ergoss, dürfte selbigen regelrecht euphorisch gestimmt haben. Es handelte sich um 500 000 Gulden, nach heutigem Gegenwert etwa 30 Millionen Euro. Der Fürstbischof, der schon immer einen Zug ins Große besaß, wusste denn auch gleich, wofür er diesen Betrag verwenden würde: zum Bau einer neuen Residenz. Die Familie reagierte skeptisch. »Der gute Lips«, wie Johann Philipp Franz von den Seinen

Die Fürsten waren zu Göttern geworden. Und man baute ihnen Tempel. Einen der glanzvollsten hat Balthasar Neumann erstehen lassen. Um dem Glück eine Stätte zu bereiten, haben die Künste in Würzburg verschwenderisch zusammengewirkt. Der venezianische Himmel, den Tiepolo über dem Treppenhaus ausgespannt hat, der Park mit seinen steinernen Schelmenkindern, die schmiedeeisernen Portale – das sind Kostbarkeiten eines irdischen Paradieses.

Ricarda Huch, *Im alten Reich. Lebensbilder deutscher Städte,* 1926

WÜRZBURGER RESIDENZ
Deutschland, Würzburg,
1720–1744,
Ausmalung durch Giovanni
Battista Tiepolo ab 1750
Baumeister:
Balthasar Neumann

genannt wurde, sei doch vollkommen unerfahren in Bausachen, ein Dilettant, dem zudem jegliches Geschmacksempfinden fehle. Also schaltete sich die gesamte Verwandtschaft in die Planungen ein – was die Sache ungemein erschwerte. Denn die jeweiligen Entwürfe wurden mit einer Heftigkeit verteidigt, als ginge es um Glaubensfragen. Dass man dennoch zu einem Ergebnis kam,

ist dem federführenden Baumeister Balthasar Neumann zu verdanken. Er trug die überzeugendsten Ansätze zusammen und schuf mit souveräner Hand eine der künstlerisch bedeutendsten Schlossanlagen Europas. Selbst Napoleon kam ins Schwärmen. Er nannte die

Würzburger Residenz »das schönste Pfarrhaus der Welt«. Als kühnste Raumschöpfung gilt das Treppenhaus, dessen gewaltige Decke stützenfrei gespannt ist – weswegen schon bald Zweifel an ihrer Stabilität laut wurden. Einer der Bedenkenträger wollte sich sogar »auf eigene Kosten unter dem Gewölbe hängen lassen«, falls es denn hielte. Es blieb bei der Ankündigung. Denn Balthasar Neumann zeigte sich grimmig entschlossen, im Treppenhaus eine ganze Batterie von Kanonen abzufeuern, um nachzuweisen, dass der Decke nicht einmal derartige Druckwellen irgend etwas anhaben könnten. Das Treppenhaus geriet aber nicht nur zu einem Glanzlicht der Architektur, es birgt auch einen Geniestreich der Malerei. Denn es wird vom größten Deckengemälde der Welt überwölbt, das auf einer Fläche von rund 620 Quadratmetern die Allegorie der Vier Weltteile zeigt. Geschaffen wurde es von Giovanni Battista Tiepolo, dem Großmeister der venezianischen Kunst. Er traf am 12. Dezember 1750 in Würzburg ein, um die Residenz gemeinsam mit seinen Söhnen Domenico und Lorenzo auszumalen. Damit schuf er in kongenialer Ergänzung zu Neumann ein Gesamtkunstwerk von Weltrang. Im Deckenfresko des Treppenhauses hat Tiepolo nicht nur sich selbst dargestellt, sondern auch seinen Architektenkollegen – in Uniform und mit Kanonenrohren. Letztere sollten daran erinnern, dass Balthasar Neumann eigentlich kein Baumeister war, sondern ein gelernter Geschützgießer.

4 >

1 Die Würzburger Residenz, Zeichnung von Sebastian Vierheilig, um 1805
2 Gartenseite der Residenz
3 Der Baumeister Balthasar Neumann in Tiepolos Deckenfresko
4 Das prachtvolle Treppenhaus von Balthasar Neumann mit dem Deckenfresko von Giovanni Battista Tiepolo

Die klingende Residenz

Die klingende Residenz

SCHLOSS ESTERHÁZA bei Fertöd

SCHLOSS ESTERHÁZA
Ungarn, bei Fertöd, 1720–1767
Baumeister: Anton Erhard
Martinelli, Melchior Hefele (?)

Die Musik lag den Esterházys im Blut. Seit Generationen war es in der angesehenen ungarischen Magnatenfamilie üblich, dass die Söhne und Töchter allerlei Instrumente lernten. Auch Fürst Nikolaus der Prachtliebende (1714–1790), habsburgisch-österreichischer Feldmarschall, galt als begeisterter Kammermusiker. Er spielte Violoncello, Viola da Gamba sowie ein schwer zu handhabendes und deshalb zu Recht vergessenes Saiteninstrument namens Baryton. Trotz seiner musikalischen Passion soll Fürst Nikolaus erschreckend unbegabt gewesen sein. So heißt es, der ganze Hofstaat hätte sich hinter vorgehaltener Hand über den Dilettantismus des sonst durchaus ernst zu nehmenden Brotherrn mokiert. Umso mehr erfreute man sich am Orgelspiel und an der Dirigierkunst eines begnadeten Musikers, der schon damals als Meister vollendeter Harmonie gefeiert wurde: Joseph Haydn. Der berühmte Komponist, der einst als Tanzgeiger von Wirtshaus zu Wirtshaus gezogen war, wirkte seit 1766 als Erster Kapellmeister in Schloss Esterháza und sollte diese

Stellung 24 Jahre lang innehaben. Denn Nikolaus war zumindest in der Lage, Qualität zu erkennen. Das hatte er auch zuvor schon unter Beweis gestellt. Bei einem Besuch in Versailles war er vom Prunk des Sonnenkönigs derart überwältigt gewesen, dass er beschloss, ihn zu Hause in Ungarn zu kopieren. Als stolzer Besitzer von 57 000 Hektar Land mangelte es ihm nicht an den erforderlichen Mitteln, weshalb er den alten Familiensitz bei Fertöd zu einem monumentalen Schloss im französischen Stil ausbauen ließ und ›Esterháza‹ nannte. Eine eigene Opernbühne durfte nicht fehlen – vor allem sollte sie von erstklassigen Darstellern und Instrumentalisten bespielt werden. Dafür garantierte Haydn, der sich auch darum zu kümmern hatte, dass die Strümpfe seiner Anbefohlenen stets blütenweiß waren und die gepuderten Perücken richtig saßen. Nebenher komponierte er in Esterháza Dutzende von Sonaten, Streichquartetten, Messen und andere Werke. Vor allem aber schrieb er Opern, mit deren Aufführungen er in Esterháza seine größten Triumphe feierte. Das Schloss wurde zu einem allseits gerühmten Hort der Musen. Selbst Kaiserin Maria Theresia zeigte sich nachhaltig beeindruckt. Nachdem sie im September 1773 als Gast von Fürst Nikolaus einer Aufführung von Haydns Singspiel *L'Infideltà Delusa* beigewohnt hatte, meinte sie: »Wer eine gute Oper sehen will, der muss einfach nach Esterháza kommen.«

Täglich wechselnd werden sowohl italienische Opera als auch deutsche Komödien gespielt, denen der Fürst immer beiwohnt. Es ist unbeschreiblich, wie sehr hier Augen und Ohren ergötzt werden, wenn das ganze Orchester ertönt und bald die rührendste Delikatesse, bald die heftigste Gewalt der Instrumente die Seele durchdringt – denn der große Tonkünstler Herr Haydn, der als Kapellmeister in fürstlichen Diensten steht, dirigiert selbst.

Anonymus, *Beschreibung des Hochfürstlichen Schlosses Esterháza im Königreich Ungarn*, 1784

1 Das Schlosstor
2 Porträt des Kapellmeisters Joseph Haydn, Gemälde nach einem Original von Ludwig Guttenbrunn, um 1770
3 Notenblatt der Abschiedssinfonie, die Joseph Haydn 1772 auf Schloss Esterháza komponierte
4 Gartenfassade des Schlosses
5 Die Schlossanlage aus der Luft

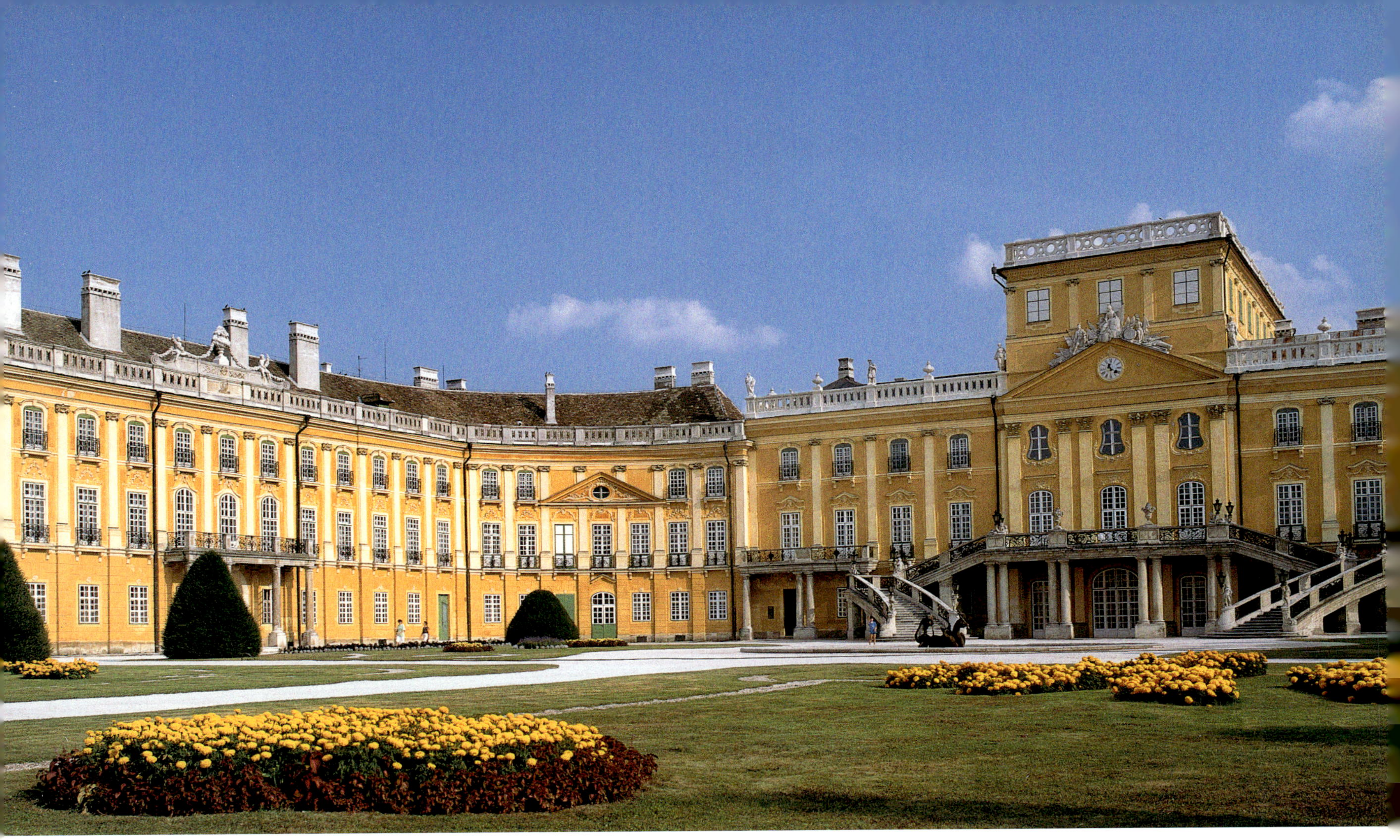

4

5

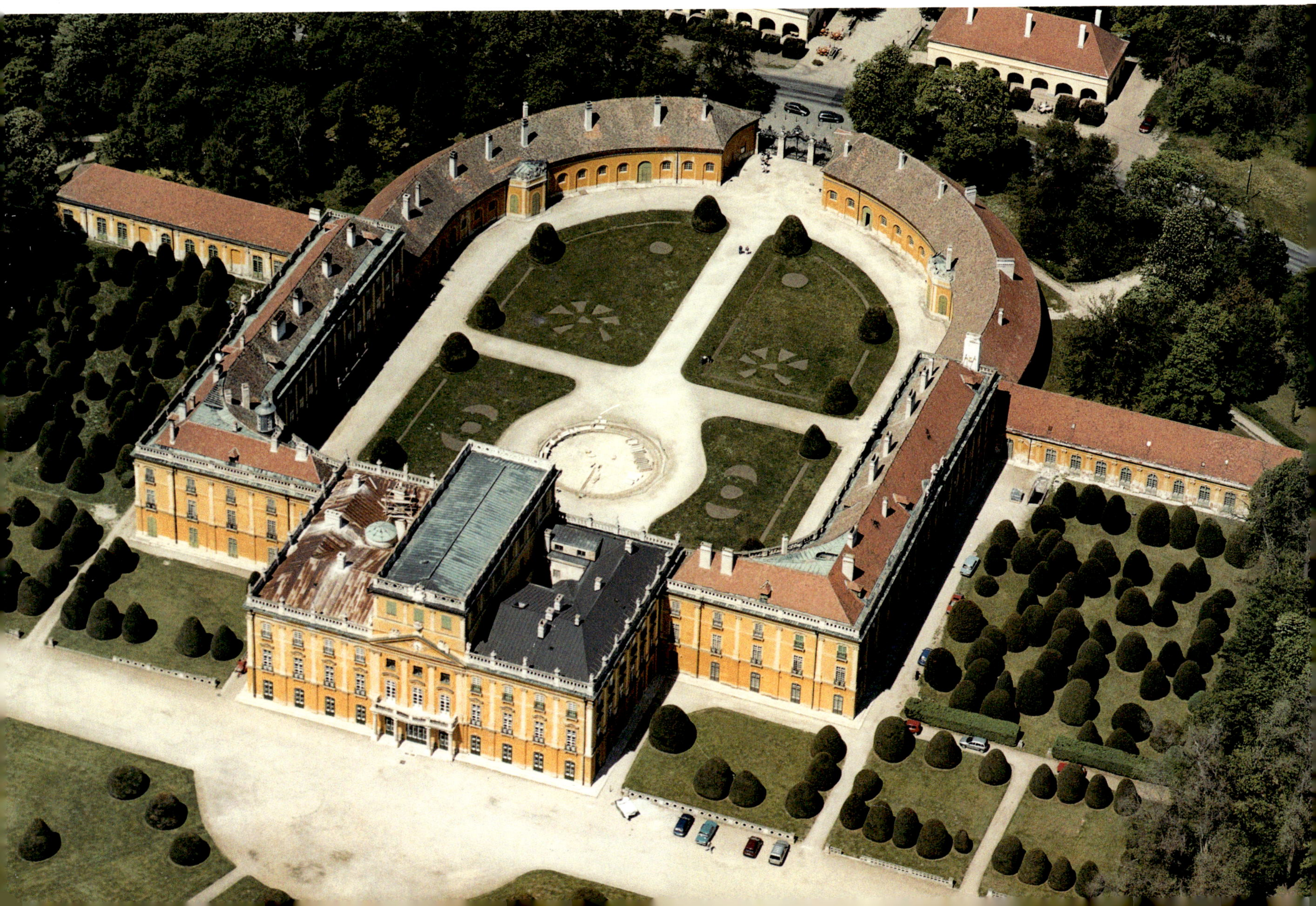

SCHLOSS STUPINIGI bei Turin

Dichter mochte er nicht. »Sie verschwenden nur Papier«, soll Karl Emanuel (1701–1773), Herzog von Savoyen und König von Sardinien, über die Poeten gesagt haben. Auch mit der Malerei stand er zuweilen auf Kriegsfuß. Umso mehr schwärmte er für Architektur. Denn ihn gelüstete nach einer prachtvollen Residenz, die ein Ort »wohlgefälligen Zeitvertreibs und raffinierter Unterhaltung« sein sollte – ein Herzenswunsch, den seine deutschstämmige Frau Polyxena heftig unterstützte. Schließlich liebte sie Bälle, Empfänge, Illuminationen und festliche Diners über alles. Wo dieses Schloss entstehen sollte, war keine Frage. Denn Karl Emanuels Vater, nach 54 Regierungsjahren amtsmüde geworden und um seine »schwankende Gesundheit« besorgt, hatte dem Paar bei seiner Abdankung eine Baustelle vor den Toren Turins hinterlassen.

Von Turin kommend, führt eine herrliche Allee auf das Schloss zu. Die Dimensionen des Prachtbaus sind gewaltig, die Anordnung seiner Trakte wirkt regelrecht bizarr. Dass es sich um ein Jagdschloss handelt, zeigt der kolossale Bronzehirsch, der das Dach bekrönt. Direkt darunter befindet sich der Festsaal, zweifellos die größte Überraschung in diesem wunderbaren Schloss. Der Raum ist ein Meisterwerk der Illusion, eine begehbare Utopie, eine phantastische Theaterbühne.

Nach J. J. Lalande, *Die Reise eines Franzosen nach Italien*, 1769

SCHLOSS STUPINIGI
Italien, bei Turin, 1729–1789
Baumeister: Filippo Juvarra,
Benedetto Alfieri u. a.

Dort waren bereits die ersten Mauern einer neuen Residenz hochgezogen.
Die Gegend ist eine typische Auenlandschaft. Rebhühner, Störche und Wasserpieper beleben die Szenerie. Jahrhundertelang war die sumpfige Ebene das bevorzugte Jagdrevier der Herzöge von Savoyen – und jetzt wurde hier eines der beeindruckendsten Beispiele europäischer Palastarchitektur aus dem Boden gestampft: das Schloss Stupinigi. Schon die Zeitgenossen staunten über

den extravaganten, dem griechischen Buchstaben Omega (Ω) nicht unähnlichen Grundriss der mächtigen Gesamtanlage. Mit ihrem sechseckigen Ehrenhof, der in eine breite Pappel-Allee übergeht, öffnet sie sich wie ein Amphitheater nach Nordosten. Und wer aus dieser Richtung aufs Schloss zugeht, mag sich fühlen, als habe er ein gewaltiges Bühnenhaus mit hintereinander gestaffelten Kulissen vor sich, die den Blick immer weiter in die Tiefe ziehen – bis er am Bühnenhintergrund haften bleibt. Auch hier hört das Staunen nicht auf, denn der Festsaal, das Herzstück des ganzen Komplexes, erhebt sich über der Grundrissfigur eines Andreaskreuzes und wirkt mit seiner hohen Decke, der umlaufenden Empore und den gerafften Vorhängen seinerseits wie ein Theaterraum. Das erste Spektakel, das hier über die Bühne ging, war allerdings eher unfreiwilliger Natur: Als 1766 der kapitale Bronzehirsch als Krönung des Schlosses auf dem First montiert werden sollte, hielt die Dachkonstruktion der tonnenschweren Last nicht stand, brach durch und riss gleich auch noch das Deckengemälde, betitelt *Aufbruch der Göttin Diana zur Jagd*, mit in die Tiefe. Dadurch dauerte es noch länger, bis in Stupinigi wirklich Premiere gefeiert werden konnte – nämlich im Herbst 1773, als Prinzessin Maria Teresa von Savoyen und Sardinien vor dem versammelten europäischen Hochadel den späteren König Karl x. von Frankreich ehelichte. Das zu erleben, war Karl Emanuel und seiner Polyxena allerdings nicht mehr vergönnt: Sie waren inzwischen gestorben. ›Palazzina di caccia‹ wird ihre Schöpfung ganz bescheiden genannt – ›Jagdhaus‹. Tatsächlich ist Stupinigi eine der größten Schlossanlagen Italiens.

3 >

1 *Aufbruch der Jagdgesellschaft im Schlosspark zu Stupinigi*, Gemälde von V. A. Cignaroli, 1773
2 Schloss Stupinigi markiert den Höhepunkt norditalienischer Schlossbaukunst im 18. Jahrhundert.
3 Der reich verzierte Festsaal bildet das Herz der Anlage.

Schloss Sanssouci
Deutschland, Potsdam,
1745–1747
Baumeister: Georg
Wenzeslaus von Knobelsdorff

Nirgends fühlte er sich wohler als hier. Wenn König Friedrich II. von Preußen (1712–1786) nicht gerade Krieg führte, weilte er am liebsten in Sanssouci, seinem »Lust-Haus am Weinberg« vor den Toren der Garnisonsstadt Potsdam. Die ersten Entwürfe für Schloss und Garten hatte er eigenhändig skizziert. Er wünschte sich einen »Hort der Ruhe, des häuslichen Lebens, der schönen Natur und der Musen«. Am 1. Mai 1747 war das Architekturjuwel fertig. Fernab allen Schlachtenlärms, mit dem Friedrich II. den Aufstieg Preußens zur europäischen Großmacht blutig erkaufte, wurde Sanssouci zu seinem privaten Refugium: Auf der Terrasse scherzte er mit seinen Windhunden, im Garten empfing er Casanova. In der Bibliothek disputierte er mit Voltaire, in den ›Marmorsaal‹ lud er zu den legendären ›Tafelrunden‹. Für die Bildergalerie ließ er Meisterwerke von Rubens und van Dyck ersteigern, im ›Konzertzimmer‹ brillierte er als

Flötist, am Spinett begleitet von Carl Philipp Emanuel Bach. Musikalisch gleichermaßen talentiert wie als Dichter und Denker, bezeichnete er sich selbst gern als »Philosoph von Sanssouci«. Das Schloss sah ihn aber auch als pflichtbewussten, zunehmend tyrannischen Regenten. Rigoros pochte er auf Ordnung, Sauberkeit und Disziplin. Nur für ihn selbst galten diese typisch preußischen Tugenden nicht. Von der Gicht gebeugt, traktierte er mit seinem Krückstock Diener und Minister. Er trug zerschlissene Röcke, wusch sich nur im äußersten Notfall und unterwarf sich keinerlei Etikette. Als der ›Alte Fritz‹, wie man ihn nannte, am 17. August 1786 um 2 Uhr nachts nach fast fünfzigjähriger Regierungszeit in Sanssouci starb, »war alles totenstill«, so Thomas Mann in der literarischen Rückschau, »aber niemand war traurig. Man fand kein heiles und sauberes Hemd in seinen Schubladen, und so gab ein Diener eins von den seinen, womit man die Leiche bedeckte. Sie war klein wie ein Kinderleib«. Friedrich II. hatte testamentarisch verfügt, in Sanssouci beigesetzt zu werden. Doch Friedrich Wilhelm II., der Neffe und Nachfolger, respektierte den letzten Willen des kinderlos verstorbenen Onkels nicht: Er habe die Gruft in Augenschein genommen und feststellen müssen, »dass das Gemäuer der Würde eines Königs nicht entspräche«. Der Sarkophag kam in die Potsdamer Garnisonkirche. Die ewige Ruhe sollte Friedrich dem Großen dort aber nicht beschieden sein. In Sorge, alliierte Bomber könnten das Gotteshaus zerstören, wurde der Sarkophag im Frühjahr 1943 ins Hauptquartier des Oberbefehlshabers der Luftwaffe nach Wildpark bei Potsdam transportiert. Damit begann eine beispiellose Odyssee. Erst am 17. August 1991 wurde das Testament Friedrichs erfüllt. An seinem 205. Todestag kehrte er nach Sanssouci zurück. Damit ruht der bedeutendste Preußenkönig endlich im Kreis derer, die ihm zu Lebzeiten die Liebsten waren, von der Dienerschaft gesiezt werden mussten und ebenfalls auf der obersten Gartenterrasse beerdigt sind: seine Windhunde.

In den ersten Jahren seiner Regierung und kurz nach der Erbauung des Schlosses ließ der König auf der Morgenseite der obersten Gartenterrasse eine Gruft ausmauern, die er von seinen Zimmern stets vor Augen hatte. Als der König damals mit dem Marquis d'Argens auf dieser Terrasse wandelte, sprachen sie auch über die künftige Benennung der Anlage. Der Marquis schlug den Namen Sanssouci vor. »Recht gut«, sagte der König, zeigte aber bedeutungsvoll auf seine Gruft und meinte: »Mein lieber Marquis, erst hier werde ich ohne Sorgen sein«.

Friedrich Nicolai, Anekdoten von König Friedrich II., 1789

1 Pavillon im Park (Detail)
2 Gartenseite
3 *Flötenkonzert Friedrichs II.*, Gemälde von Adolph Menzel, 1850–52
4 Entwurfsskizze Friedrichs II. mit Grundriss des Schlosses und der Terrassenanlage, 1744
5 Gartenseite des Schlosses

2

3

4

5 >

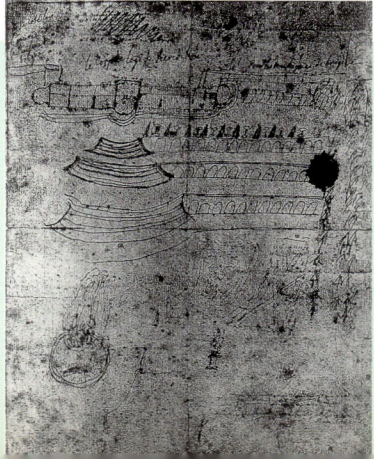

Der Palast auf dem Wasser

JAG NIWAS Udaipur

Als ›poetisches Märchen‹ ist Udaipur von den Dichtern gerühmt worden, als ›Stadt der marmornen Paläste‹ und als ›Königin der Seen‹. Die Lage der heutigen Distrikthauptstadt im Süden des Bundesstaates Rajasthan könnte idyllischer kaum sein: Eingebettet in das grüne Hügelland des Arawalli-Gebirges und durchsetzt von Gärten mit Bougainvillea, Hibiscus und Rosen, schmiegt sich die Altstadt mit ihren malerischen Gassen an die Ufer von vier kleinen, künstlich angelegten Seen. »Udaipur wirkt so unwahrscheinlich in seiner Schönheit, dass ich, wie's beim Träumen so geht, mitten drinnen stehe, betrachte, genieße – und an mein Erleben zugleich nicht glauben mag«, notierte 1912 der weltreisende Philosoph Hermann Graf Keyserling.

Hier lauschte der Prinz mit seinem Gefolge dem Gesang der Barden, hier gab sich die ganze Gesellschaft ermattet dem mittäglichen Opiumrausch hin. Die frische Seebrise umwehte sie mit dem betörenden Duft der Lotusblüten, die sich wie ein Teppich über die Wasserfläche gelegt hatten.

James Tod, *Annalen und Altertümer von Rajasthan*, 1894

Der prachtvolle Stadtpalast, dessen Fassaden sich vielfach im Wasser des Pichola-Sees spiegeln, ist das Erbe des ältesten Geschlechts unter den 24 Dynastien des alten Rajasthan. Hier residierten die ›Maharana‹, die ›Großfürsten‹ von Udaipur, in unbeschreiblichem Luxus – bis hin zu Möbeln aus belgischem Kristallglas. Der fürstliche Wohnsitz ist aber nicht nur der prunkvollste, sondern auch der größte Palast Rajasthans – ein gewaltiges, über Generationen gewachsenes Labyrinth aus Höfen, Treppen, Gärten, Terrassen, Kiosken, Galerien, Säulenhallen und stufenförmig übereinander getürmten

JAG NIWAS
Indien, Udaipur,
wohl 1746–1757

Fassaden. Platzprobleme wird es also nicht gegeben haben. Dennoch, so erzählt man sich, schlug der regierende Maharana 1746 die Bitte seines Sohnes aus, im Stadtpalast ein rauschendes Fest feiern zu dürfen. Wenn er sich vergnügen wolle, solle er sich doch bitteschön ein eigenes Schloss bauen. Dieser Aufforderung kam der Prinz, der spätere Maharana Jagat Singh II., umgehend nach. Mitten im Pichola-See – auf einer kleinen Insel, kaum 300 Meter vom stadtseitigen Ufer und der eindrucksvollen Kulisse der väterlichen Residenz entfernt – errichtete Jagat Singh den Jag Niwas, einen Palast, der wie eine Vision aus Tausendundeiner Nacht über dem Wasser zu schweben scheint. Hinter den weißen Mauern öffnen sich verwunschene Innenhöfe mit leise plätschernden Brunnen, kleine Gärten mit überbordender Blütenpracht, Gemächer mit Spiegelwerk und kostbaren Miniaturmalereien, mit Einlegearbeiten aus Marmor und buntem Glas. Hier feierte Prinz Jagat Singh mit seinem Gefolge, hier traten zur Unterhaltung der Hofgesellschaft Jongleure, Akrobaten, Schlangenbeschwörer und die in Rajasthan unverzichtbaren Barden auf. Die Nachfolger Jagat Singhs wussten den Ort bald ebenso zu schätzen: Noch 1912 ließen sie sich nach dem Zeugnis von Hermann Graf Keyserling in »bunt beflaggten Prunkbarken, in goldenen Gondeln und begleitet von Gesang und Zymbelklang« auf die Insel hinüberrudern.

Im 20. Jahrhundert wurde der Wasserpalast auch vom Film entdeckt: Der Regisseur Fritz Lang drehte hier den *Tiger von Eschnapur*, und James Bond logierte in *Octopussy* als Hotelgast im luxuriösen Ambiente des Inselpalastes. Tatsächlich dient das einstige Lustschloss des Prinzen Jagat Singh seit Jahrzehnten als Nobelherberge. Getrübt wird der Aufenthalt höchstens durch die Erinnerung an eine Akrobatin, die den Pichola-See einst auf einem Seil überqueren wollte. Für den Fall, dass ihr das gelänge, hatte ihr der damalige Maharana die Hälfte seines Reiches versprochen. Als sie kurz vor dem Ziel war, schnitt ein Hofbeamter das Seil durch. Die junge Frau ertrank. Seither, so heißt es, spuke in mondhellen Nächten der Geist der Unglücklichen über den See.

2

3

4

1 Der Stadtpalast von Udaipur, Illustration aus: *L'Inde des Rajahs* von Louis Rousselet, 1875
2 Suite im Jag Niwas, der 1960 zu einem Luxushotel umgewandelt wurde
3 Jag Niwas, der ehemalige Sommerpalast der Fürsten von Udaipur
4 Blick auf den Pichola-See mit dem Sommerpalast Jag Niwas und dem Stadtpalast von Udaipur

WINTERPALAST St. Petersburg

Barfuß und zu Tausenden standen die zwangsverpflichteten Bauern und Tagelöhner im brackigen Wasser. Mit bloßen Händen schaufelten sie den Schlamm in Weidenkörbe, um ihn da hinzuschaffen, wo Ufer befestigt, Plateaus aufgeschüttet, Mauern errichtet werden sollten. Es war eine elende Plackerei. Wer nicht an Erschöpfung starb, den rafften Ruhr, Skorbut oder das Sumpffieber dahin. Doch Peter der Große (1672–1725), der russische Zar, kannte kein Erbarmen. Genau hier, am Mündungsdelta der Newa im östlichsten Winkel des Finnischen Meerbusens, gedachte er ein Bollwerk gegen die Schweden zu errichten, das gleichzeitig »ein Fenster nach Europa hin« werden sollte, wie Alexander Puschkin später dichtete. Und das gelang. Allen Widrigkeiten zum

Über dem Fluss Newa stand eine riesige, rote Sonne. Die Gebäude von St. Petersburg schienen sich aufzulösen, wurden zu hauchzarten, lila-grauen Spitzen. Auf den Fenstern lag ein goldroter Widerschein, die hohen Türme funkelten rubinfarben, und der Winterpalast leuchtete in blutigem Rot. Rastrelli hatte ihn erbaut. Damals stand der Palast wie eine azurne Mauer in einem Schwarm weißer Säulen. Und Elisabeth, die Zarin, öffnete das Fenster und blickte über die Wasser der Newa.

Andrej Belyi, *Petersburg*, 1959

Trotz wuchs aus den nebligen Sümpfen und Wäldern am Meer die neue russische Hauptstadt empor: St. Petersburg – das kosmopolitische Zentrum des Landes mit dem größten Seehafen weit und breit. Direkt am Ufer der Newa durften allerdings nur Werftarbeiter und Schiffsleute ihre Häuser bauen. Das galt sogar für den Zaren. Da er aber gelernter Zimmermann war, konnte er sich als »Peter Alexejew, Schiffsmeister«, am Wasser niederlassen. Der gewaltige Winterpalast, der heute an dieser Stelle steht, ist allerdings erst ein Werk seiner Tochter,

WINTERPALAST
Russland, St. Petersburg,
1754–1786
Baumeister: Bartolomeo
Francesco Rastrelli u. a.

der Zarin Elisabeth Petrowna (1709–1762). Sie hatte das ›Holländische Haus‹, in dem ihr Vater 1725 gestorben war, abreißen lassen. Denn Pietät spielte in ihrem Leben eine weitaus unbedeutendere Rolle als ihr Hang zum Luxus. Dahinter stand ein ererbter Reichtum, der märchenhaft gewesen sein soll. Als 1745 bei Jekaterinenburg zudem ungeheure Goldvorkommen entdeckt wurden, deren Erträge in die Staatskasse flossen, verlor die Zarin jegliches Maß: Mit der Errichtung des Winterpalastes begann die glanzvollste Epoche des russischen Herrscherhauses. Standesdünkel waren der Zarin dennoch fremd. Elisabeth konnte herzhaft fluchen und pilgerte, was bitter nötig gewesen sein mag, an der Seite einfacher Bauersfrauen über staubige Landstraßen. Außerdem dachte sie praktisch: Während der Bauarbeiten am Winterpalast logierte sie mit ihrem Hof in einem Provisorium aus Holz. Die Fertigstellung des ehrgeizigen Projektes erlebte sie aber nicht mehr. Als erste russische Herrscherin residierte Katharina die Große (1729–1796), Elisabeths Nachfolgerin, im Winterpalast. Sie wiederum gab für ihre Privatgemächer, in denen sie nicht nur Gesandte bewirtete, sondern auch geistreiche Konversations- und Spieleabende veranstaltete, zwei Seitenflügel in Auftrag. Die wertvolle Gemäldesammlung, die Katharina hier zusammentrug, bildete den Grundstock für eines der berühmtesten Museen der Welt: die ›Eremitage‹. Was diese Bezeichnung mit der eigentlichen Wortbedeutung ›Einsiedelei‹ zu tun hat, fragt man sich nicht erst heute – angesichts von über zwei Millionen Besuchern jährlich. Schon der französische Gesandte am Hof Katharinas der Großen zeigte sich irritiert. Als häufiger Gast ihrer geselligen Runden meinte er, die überwältigende Pracht der Raumfluchten, die Qualität des Mobiliars und die Vielzahl der Alten Meister habe er in den ihm bekannten Einsiedeleien immer vermisst – noch mehr freilich den luxuriösen Wintergarten, »der hier inmitten des Polareises einen italienischen Frühling simuliert«.

1 Zar Peter I., Gemälde von Jean Marc Nattier, 1717
2 Nachtstimmung am Newa-Ufer mit dem Winterpalast
3 Blick in den Malachitsaal des Winterpalastes
4 Eingangsfassade

SCHLOSS WÖRLITZ   Wörlitz

Der Großvater hatte als Reichsfürst und strammer preußischer Feldmarschall den Gleichschritt eingeführt. Doch Franz, dem Enkel, lag das Militärische gar nicht. Er hängte den Soldatenrock schon mit 17 Jahren an den Nagel. Und als er ein Jahr später die Regierung in Anhalt-Dessau übernahm, erklärte er sein Fürstentum für neutral – sehr zum Missvergnügen Friedrichs des Großen. Der Preußenkönig hatte geglaubt, bei seinen Eroberungszügen auf Franz zählen zu können. Jetzt sah er sich bitter enttäuscht und ereiferte sich derart, dass es ihm die Grammatik verhagelte: »Ihre Neutralität wird

Der Herzog lebte in Wörlitz ganz für sich und sein Privatvergnügen, wie ein Familienvater unter seinen Kindern. Er sah sich gern in der Rolle eines englischen Lords, der sich für einige Tage von den Staatsgeschäften zurückgezogen hat und das Landleben genießt. Kam hoher Besuch nach Wörlitz, war große Tafel im Schloss. Nur dann machte der Lord dem Fürsten Platz.

Friedrich Reil, *Herzog Franz von Anhalt-Dessau nach seinem Wirken und Wesen, 1784*

SCHLOSS WÖRLITZ
Deutschland, Wörlitz,
1769–1773
Baumeister: Friedrich Wilhelm
von Erdmannsdorf

ihnen bekommen wie denen Hunden das Gras fressen!« Von solch krudem Deutsch ließ sich der philosophisch versierte Franz jedoch nicht ins Bockshorn jagen. Statt in den Krieg zog er auf ausgedehnten Bildungsreisen durch ganz Europa. Von Haus aus eher bürgerlich als höfisch eingestellt, war er von England besonders angetan. Ein »Gefühl echter Menschenwürde« habe ihn dort umfangen, heißt es. Denn als Wiege der Aufklärung besaß das britische Königreich damals die demokratischste Verfassung Europas. Auch in puncto Technik, Architektur, Landwirtschaft und Gartenbau war England dem Kontinent voraus. Wieder zu Hause, setzte Franz alles daran, sein kleines Fürstentum zu einem Musterland nach engli-

schem Vorbild zu machen. Jeder seiner 35 000 Untertanen hatte Zutritt zu ihm, er reformierte Viehzucht und Ackerbau, predigte Toleranz gegenüber den Juden, knüpfte persönliche Kontakte zu Goethe und setzte auf Bildung für alle.

Auch in Schloss Wörlitz, mit dem sein Freund, der Architekt Friedrich Wilhelm von Erdmannsdorff, den deutschen Klassizismus begründete, spiegelt sich die England-Begeisterung des Hausherrn wider. Das dampfbetriebene Wasserleitungssystem, das durchaus nicht selbstverständliche Bad, die Aufzüge und die Wandklappbetten waren britische Errungenschaften, die Franz damit in deutschen Landen einführte. Als bedeutendstes Vermächtnis des aufgeklärten Fürsten gilt der Wörlitzer Park, der erste englische Landschaftsgarten auf dem europäischen Festland. Er war öffentlich zugänglich, vor allem aber weitgehend sich selbst überlassen. Denn in England galten unbeschnittene Bäume und Sträucher im Gegensatz zu den streng geometrischen und allein dem Hof vorbehaltenen Barockgärten als Ausdruck bürgerlicher Freiheit. Ohne illusionäres Spektakel konnte aber offenbar selbst der aufgeklärteste Fürst nicht sein. Mitten im Park stößt man auf eine Miniaturausgabe des Vesuv. Zu besonderen Gelegenheiten ließ Franz den Vulkan unter brüllendem Getöse künstlich ausbrechen. Das Feuer, das der Vesuv dann spie, symbolisierte in den Augen des Fürsten das ›Licht der Vernunft‹.

1 Als Vorbilder für Schloss Wörlitz dienten englische Landhäuser und italienische Villen.
2 Bibliothek im Schloss Wörlitz
3 Zeitgenössische Darstellung des ›Vesuvausbruchs‹ im Park
4 Blick von der Goldenen Urne über einen der zahlreichen Kanäle
5 »Hier ists jetzt unendlich schön. Mich hats gestern Abend … sehr gerührt, wie die Götter dem Fürsten erlaubt haben, einen Traum um sich zu schaffen«: Johann Wolfgang von Goethe über den Park von Wörlitz

In der Stadt der Engel

KÖNIGSPALAST Bangkok

KÖNIGSPALAST
Thailand, Bangkok,
1782–1884

Seit 200 Jahren geraten Reisende ins Schwärmen, sobald sie die zauberhafte Palaststadt am linken Ufer des Chao-Phraya-Flusses betreten. Die Residenz der thailändischen Könige gilt als ›fernöstliche Märchenwelt‹, als ›Orgie in Gold, Jade und Marmor‹. Neben den zahlreichen Prunkbauten der Herrscherfamilie drängen sich im ›königlichen Herzen von Bangkok‹ über hundert weitere Gebäude: Zeremonienhallen, Tempel, Pagoden und Pavillons mit bunten Staffeldächern und vergoldeten Türmen, umstanden von bronzenen Löwen, Furcht ein- flößenden Wächterfiguren, von Vogelmenschen, Affen und Dämonen aus Stein. Zu den ältesten Baudenkmälern gehört der so genannte Amarinda-Palast. Hier, wo noch heute die thailändischen Könige gekrönt werden, resi- dierte schon Rama I. Er hatte ›Bang Makok‹ – das eins- tige ›Dorf der wilden Oliven‹ – nach eingehenden Be- ratungen mit seinen Astrologen am 6. April 1782

Da lag sie, die östlich-exotische Hauptstadt, weithin ausgestreckt zu beiden Ufern des Flusses: Häuser aus Bambus, aus Matten, aus Blättern, die der dunklen Erde entsprossen schienen. Einige dieser Wohnstätten klebten wie Vogelnester an den Ufern, andere schwammen in langen Reihen hintereinander verankert im Strom. Darüber ragten große Gebäudemassen empor: die königliche Residenz mit ihren vergoldeten Pagoden.

Joseph Conrad, *Schattenlinie. Ein Bekenntnis ›meiner unauslöschlichen Achtung würdig‹*, 1917

überhaupt erst zur Hauptstadt erhoben und ihr den Bei- namen ›Stadt der Engel‹ gegeben. Als königliche Resi- denz trat Bangkok also erst vor gut 200 Jahren in die Geschichte ein. Trotzdem stellte das ›Venedig des Ostens‹, wie Bangkok seiner vielen Kanäle wegen genannt wird, den einstigen Ruhm und Glanz der unter- gegangenen Hauptstadt Ayutthaya bald in den Schatten. Denn Rama I. holte die talentiertesten Baumeister seines

Landes nach Bangkok und legte auf dem einzigen, hochwassersi- cheren Plateau der Stadt den Grundstein zu jenem märchen- haften Palastensemble, das heute als Krönung thai- ländischer Architektur gefeiert wird. Innerhalb des über 200 000 Quadratmeter umfas- senden Areals wuchs zunächst der ›Tempel des Smaragd- Buddha‹ (Wat Phra Kaeo) in die Höhe, eine Art Nationalheilig- tum. Denn die rund 70 Zentime- ter große Buddha-Statue, die hier zur Verehrung aufgestellt ist und magische Kräfte besitzen soll, gilt als Hüterin des Landes, als Garant der Unabhängigkeit, des Friedens und des Wohl- stands im ganzen Königreich. Seit den Tagen Ramas I. ist es üblich, dass der jeweilige König die Buddha-Statue zu Beginn jeder Jahreszeit in einer feier- lichen Zeremonie neu einklei- det: In den heißen Sommer- monaten trägt die Skulptur des ›Erleuchteten‹ eine goldene, mit Diamanten besetzte Tunika, während der Regenzeit ein blaues, mit Goldfäden durch- wirktes Kleid, in der kühleren Jahreszeit einen Überwurf aus purem Gold.

Neben der Religion hatte aber auch die Wissenschaft in der neuen Palaststadt ein Zuhause: Der ›Tempel des liegenden Buddha‹ (Wat Pho), der aus dem 16. Jahrhundert stammt und von Rama I. erweitert wurde, war schon immer ein Zentrum der Heilkunde, der Astronomie und der Litera- tur. Überhaupt zeichnen sich die Herrscher aus dem Geschlecht Ramas I. bis heute durch Bildung, Liberalität und eine große Offenheit für neue Entwicklungen aus: Rama II. machte sich als Dichter einen Namen, Rama III. holte amerikanische Missionare ins Land, Rama IV. kannte sich bestens in der Geschichte Europas aus, und Rama V. beauftragte dänische Ingenieure mit dem Bau einer elektrischen Straßenbahnlinie in Bangkok – zehn Jahre bevor die erste Straßenbahn durch Kopenhagen

4

rollte. Mit einem Plan scheiterte Rama v. dann aber doch: Der gewaltige Neubau (Chakri Maha Prasat) in der Palaststadt, den der König ab 1875 als Wohnsitz für seine Familie im Stil der italienischen Renaissance errichten ließ, fand keine Zustimmung bei den Hofangehörigen: Sie hielten den Entwurf für zu exotisch. Die Kritiker schwiegen erst, als sich Rama v. bereit erklärte, der florentinisch anmutenden Fassade fernöstliche Spitzdächer mit aufgerichteten Naga-Schlangen und drei Türme im Stil der traditionellen thailändischen Architektur hinzuzufügen.

1 Wat Phra Kaeo, Wanddetail
2 Die reich verzierte Dachlandschaft der Anlage
3 Die Tempelanlage Wat Phra Kaeo
4 Bis 1946 wurde der Königspalast von der königlichen Familie bewohnt, heute wird er für Bankette, Empfänge und Zeremonien genutzt.

KÖNIGLICHER PAVILLON
Brighton

1

Genau genommen war Dr. Richard Russell aus Brighton an allem schuld. Der englische Arzt hatte Mitte des 18. Jahrhunderts die therapeutischen Wirkungen von Meerwasser entdeckt. Erhitzt, mit Milch angerührt und in kleinen Schlucken getrunken, helfe es ausgezeichnet gegen Hypochondrie, Melancholie, Leibschneiden, kurz: gegen Unpässlichkeiten aller Art. Kaum hatte er diese Erkenntnis publiziert, eilte auch schon halb London zur Salzwasserkur in die 80 Kilometer südlich gelegene Küstenstadt Brighton, die sich rasch zum mondänsten Seebad Englands mauserte. 1783 reiste sogar der 21-jährige Kronprinz, der spätere König Georg IV., an – eigentlich wegen körperlicher Beschwerden, aber auch in der Hoffnung auf amouröse Abenteuer, die ihm in der

Die Küche im orientalischen Pavillon lässt keine Wünsche offen. Hier steht alles zur Verfügung, was man zur Perfektion der kulinarischen Künste braucht. Der Berichterstatter übertreibt deshalb keineswegs, wenn er behauptet: Wer die modernste, bequemste und praktischste Küche im ganzen britischen Weltreich sehen will, der muss nach Brighton kommen!

C. Wright, *The Brighton Ambulator*, 1818

Hauptstadt aufgrund der elterlichen Fürsorge weitgehend verwehrt blieben. Das Glück war ihm hold. In Brighton begegnete er der Frau seines Lebens. Doch Mary Fitzherbert, die er in aller Heimlichkeit heiratete, war nicht nur sechs Jahre älter, verwitwet und bürgerlicher Herkunft, sondern – schlimmer noch – katholisch. Mit ihr konnte sich Georg, das künftige Oberhaupt der anglikanischen Kirche, nicht in London sehen lassen. Deshalb brachte er die ›inoffizielle‹ Gattin, der 1795 mit Karoline von Braunschweig eine ›offizielle‹ an die Seite treten sollte, in einer Villa in Brighton unter und ließ sich direkt gegenüber ein eigenes Refugium errichten. Ursprünglich dachte er an ein Landhaus, doch die

KÖNIGLICHER PAVILLON
Großbritannien, Brighton,
1787–1823
Baumeister: Henry Holland
und John Nash

2

Sache wuchs sich aus. Als der Königliche Pavillon fertig war, glich er einem pompösen orientalischen Märchenschloss: Kuppeln, Minarette und Steinarabesken bestimmen das äußere Erscheinungsbild, im Inneren entfaltet sich die exotische Wunderwelt eines fernöstlichen Prachtzelts mit geschnitzten Bana-

3

nenblättern, Bambusmöbeln und Chinoiserien aus Mahagoniholz. Freilich, ostasiatische Kunst war in jenen Tagen, als England seine Macht über den indischen Subkontinent auszudehnen begann, ohnehin en vogue. Trotzdem galt der Bau als kapriziös, wurde verspottet als »orientalische Andenkenschatulle« und als »Machwerk eines verrückten Bigamisten königlichen Geblüts«. Doch gegen solcherlei Kritik zeigte sich Georg immun. Mit besonderem Stolz erfüllte ihn zeitlebens die Küche mit ihren technischen Raffinessen, darunter Dampftöpfe, Dunstabzugshauben und ein automatischer Grill. Denn als leidenschaftlicher Gastgeber und Gourmet brachte Georg seine häufigen Aufenthalte in Brighton überwiegend tafelnd zu – was sich bald an seinem Leibesumfang abzeichnete. Die Presse spottete, er sei jetzt ebenso aus der Fasson geraten wie die kürbisähnlichen Kuppeln des Königlichen Pavillons. Georg konterte, er habe die Mehrzahl seiner Tage in Brighton ja auch nicht als Kurgast zugebracht.

1 Der Palast Georgs IV. bei Nacht
2 *Georg IV. als Prinzregent*, Gemälde von Sir Thomas
   Lawrence, um 1814
3 Königreich aus Marmor, Bambus, Gold und Mahagoni:
   der Royal Pavilion
4 Die große Küche, die nach Plänen von John Nash
   umgebaut wurde

4

Der goldene Käfig
PALAST DER WINDE Jaipur

1

»Fast möchte man glauben, diese Fassaden und Paläste seien der überbordenden Phantasie eines Dichters entsprungen«, notierte ein italienischer Weltenbummler in den zwanziger Jahren des vergangenen Jahrhunderts nach einem Besuch in Jaipur. Sein Wort gilt bis heute. Die Hauptstadt Rajasthans ist eine der prächtigsten und farbenfrohesten Metropolen Nordindiens – ein steingewordenes Märchen, das in manchen Reiseberichten als Inbegriff orientalischer Exotik gefeiert wird. Seit der Gründung der Stadt im 18. Jahrhundert hat sich nicht viel verändert. Umgeben von einer mächtigen, zinnenbewehrten Mauer, präsentiert sich Jaipur wie ein Bühnenbild aus Tausendundeiner Nacht.

Als Sitz eines Maharadjas, eines ›Großkönigs‹, umfasst der Palastbezirk eine ganze Reihe repräsentativer Pavillons, Tempel, Höfe und Gärten, die sich zu einer der

In einem Harem herrscht für gewöhnlich eine Atmosphäre lasziver Sinnlichkeit, extravaganter und ausschweifender Festlichkeit, überwältigender Prachtentfaltung, demonstrativen Raffinements und unermesslicher Eitelkeit. Die eigentliche Herrscherin unter den Frauen ist freilich die Intrige.

Francisco Pelsaert, *Schriften über das mogulische Indien*, 1627

PALAST DER WINDE
Indien, Jaipur, 1799
Bauherr: Maharadja Pratap
Singh

und am öffentlichen Leben teilzunehmen. So aber konnten die Gemahlinnen, Konkubinen und Töchter des Maharadjas wenigstens aus dem Verborgenen, von einer Art Tribüne, einen Blick auf das bunte Treiben der Straße werfen – ohne selbst gesehen zu werden. Das filigrane Sandsteingitterwerk der 953 Fenster entzog sie jeder Beobachtung. Die Haremsdamen selbst

3

dürften freilich wenig Geschmack an ihrer erzwungenen Abgeschiedenheit gefunden haben. Nach einem Bericht aus der Zeit um 1700 war es ihnen zwar gestattet, in ihren Gemächern »die Vergnügungen der Komödie und des Tanzes zu genießen, Märchen und Liebesgeschichten zu lauschen, auf blütenbestreuten Lagern zu ruhen, in den Gärten spazierenzugehen und dem Murmeln des dahinplätschernden Wassers zuzuhören« – der Rest aber war träge Monotonie und Langeweile. Doch diese Zeiten sind längst vorbei. 1875 schrieb der Indien-Reisende Louis Rousselet: »In Ermangelung königlicher Konkubinen und sonstiger Schönheiten sind die Gemächer des Harems nur noch von lärmenden Affen bevölkert.«

glanzvollsten Residenzen Indiens gruppieren. Der ›Palast der Winde‹ im Südosten der großzügigen Anlage – er hat seinen volkstümlichen Namen von den kleinen Wetterfähnchen, die sich beim leisesten Lufthauch drehen – gilt als originellste all dieser Architekturschöpfungen. Dabei ist seine dekorative Schauseite nicht viel mehr als eine Kulisse. Hinter der Fassade mit ihren Erkern und Balkonen finden sich lediglich logenbreite Galerien, Gänge und Treppen, auf denen sich einst die Haremsdamen drängten. Es war ihnen verboten, den Palast zu verlassen

1 Das Pfauentor im Stadtpalast von Jaipur
2 Rückfassade des Palastes der Winde
3 Wandmalerei, die eine indische Haremstänzerin zeigt
4 Bögen, Nischen, Erker, Balkone und Fenster aus filigranem Sandsteingitterwerk
5 Der Palast der Winde ist kaum mehr als eine fünfgeschossige Schaufassade.

2

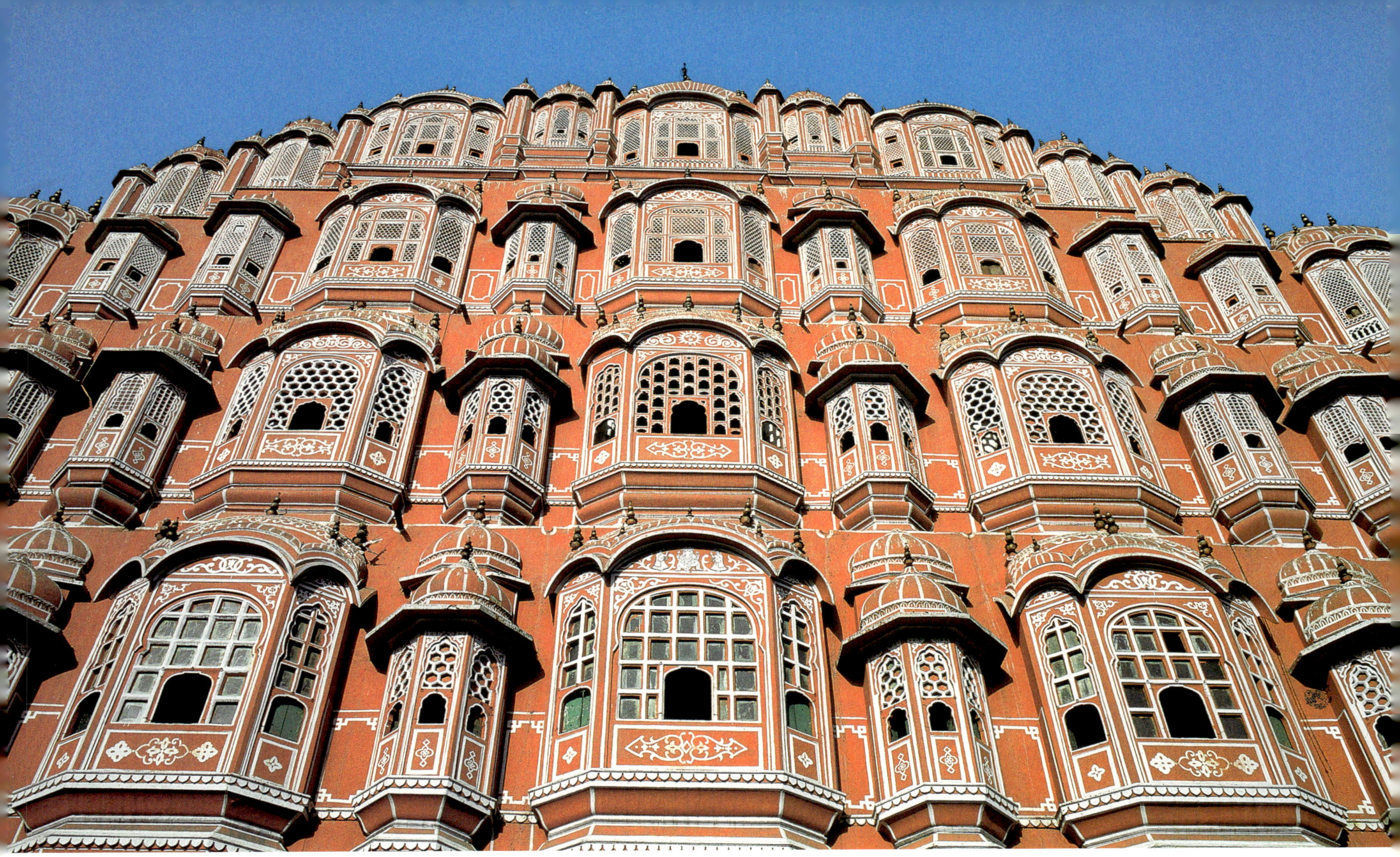

4

5

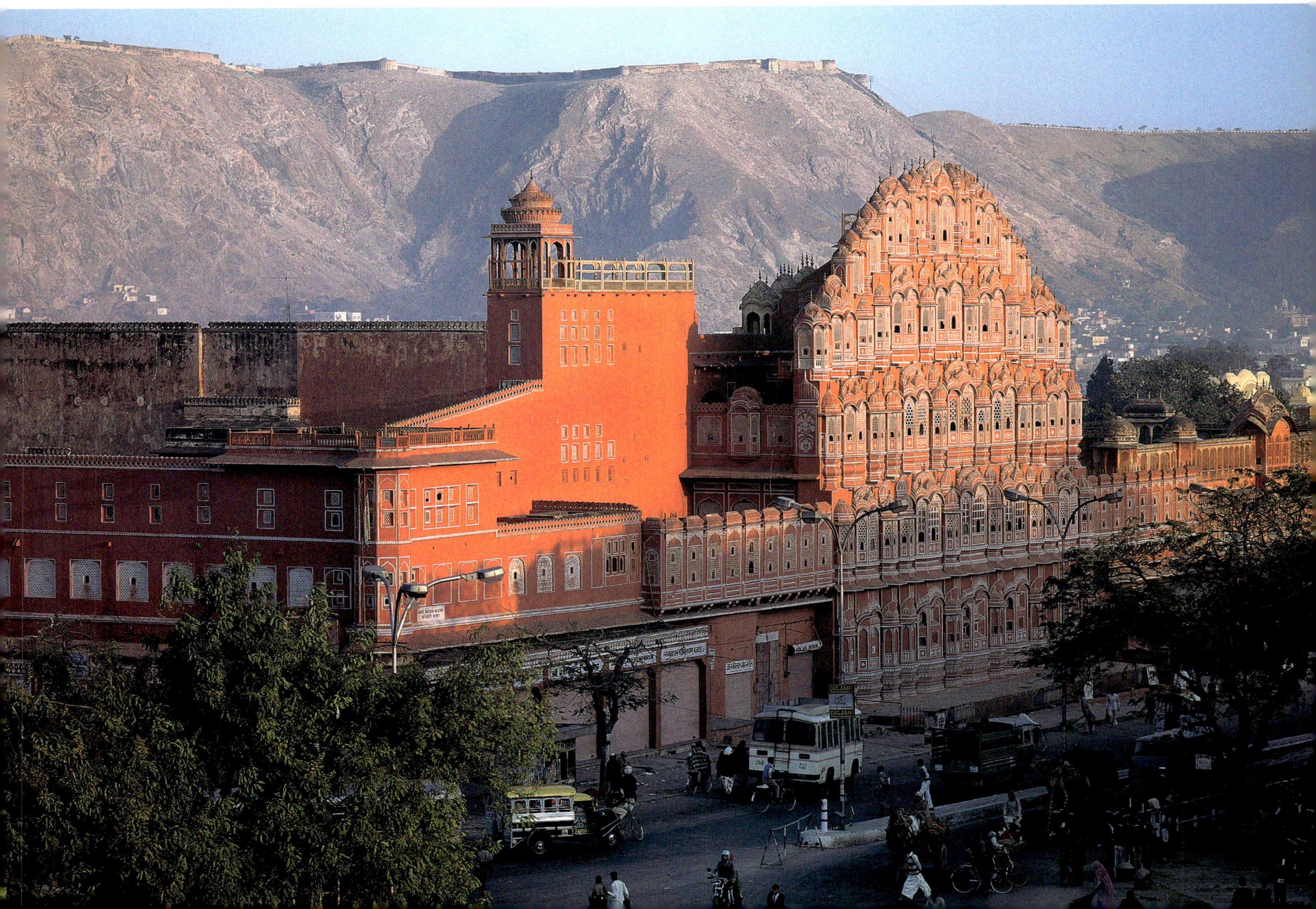

Die Flucht der Prinzessin
SULTANSPALAST Sansibar

ALTER SULTANSPALAST
Tansania, Sansibar,
1828–1834

Wenn die dickbauchigen Lastkähne in ihren Heimathafen Sansibar zurückkehrten, bekamen die Kinder des Sultans leuchtende Augen. Denn »die Schiffe brachten uns ja alle unsere schönen Spielsachen aus Europa mit«, so Prinzessin Salme von Oman und Sansibar (1844–1924) in ihren Memoiren: »Zwanzig bis dreißig Kisten waren es meistens, randvoll mit kleinen Wagen, Puppen, Musikdosen, Harmonikas, Flöten, Trompeten. Fielen die Sachen nicht nach unserem Geschmack aus, dann erging es dem Kapitän übel. Schließlich hatte er vom Vater nur eine Ordre: Kaufe immer das Schönste, was Du findest, und scheue keine Kosten.« Geld spielte tatsächlich keine Rolle. Denn Sansibar – Hauptstadt der gleichnamigen Insel vor der Küste Ostafrikas – erlebte unter Sultan Seyyid Said (1806–1856), dem Vater von Prinzessin Salme, eine Blüte ohnegleichen. Die quirlige Hafenstadt war in jenen Tagen nicht nur der Ausgangspunkt zahlreicher Expeditionen, die ins Innere des Schwarzen Kontinents aufbrachen, um nach den sagenumwobenen Quellen des Nils zu suchen, sondern auch der weltweit größte Umschlagplatz für Gewürznelken, Elfenbein – und Sklaven. Davon profitierte vor allem der Sultan selbst. Er erhob Sansibar zu seiner Residenz und fügte dem malerischen Stadtbild, das mit seinen Häusern aus Muschelkalk und Korallenstein, den Minaretten, Kirchtürmen und

Tempelanlagen heute zum Weltkulturerbe zählt, einen prunkvollen Palast hinzu. Hier residierte Seyyid Said, umsorgt von 800 Bediensteten, im Kreise seiner 73 Frauen und 35 Kinder. »Der Sultanspalast hat etwas Heiteres und Freundliches«, schreibt Prinzessin Salme in ihren Memoiren: »Von sämtlichen Zimmern hat man eine herrliche Aussicht auf das Meer mit seinen Schiffen – ein Bild, das sich tief in meine Seele eingeprägt hat. Und die vielen bunten Ampeln, die von der Decke herabhängen, lassen beim Dunkelwerden das ganze Haus in magischem Schimmer erstrahlen.« Der wirtschaftliche Boom, dem der ganze Luxus zu verdanken war – darunter ein transportables Lavoir mit kombiniertem Wasserklosett im Ankleidezimmer des Sultans –, brachte auch viele Ausländer in die damals bedeutendste Hafenstadt Ostafrikas. Überall schossen die Niederlassungen überseeischer Handelshäuser aus dem Boden. Und eines Tages im Jahr 1866 passierte es: Prinzessin Salme verliebte sich in den jungen deutschen Kaufmann Heinrich Ruete, den Repräsentanten der Hamburger Agentur Hansing & Co. Weil der Koran die Verbindung einer Muslimin mit einem Christen verbietet und die religiösen Vorschriften am Hof des Sultans streng befolgt wurden, blieb den beiden nur die Flucht.

Erste Station war Aden, wo Prinzessin Salme zum Christentum übertrat, auf den Namen ›Emily‹ getauft wurde und ihren Heinrich ehelichte. Dann ging es weiter nach Hamburg. Der Schwiegervater staunte nicht schlecht über die ›Eroberung‹ des Sohnes, konzedierte aber, »die Tochter des Sultans von Sansibar« sei »gegen mein Erwarten eine tüchtige Hausfrau und mir eine so liebenswürdige Schwiegertochter, wie ich sie mir nur wünschen konnte.« Drei Kinder – Antonie, Rudolph und Rosalie – brachte Prinzessin Salme zur Welt, bevor ihr Lebensglück im Jahr 1870 zerbrach: Ihr Mann, Heinrich Ruete, starb unter einer Pferdetrambahn, und die sehnlichst gewünschte Rückkehr nach Sansibar blieb ihr versagt. Denn die Familie hatte sie verstoßen. »Meine Tränen sind unaufhaltsam«, heißt es dazu in den Memoiren, »eine nach der anderen rollt über meine Wangen, wie die Wogen des Meeres«. Als Prinzessin Salme 1924 in Jena starb, fand sich unter ihren wenigen Habseligkeiten eine Flasche, gefüllt mit Sand aus Sansibar.

Das Schiff machte im Hafen fest. Sofort kamen Schmuck- und Seidenhändler an Bord, Obstverkäufer – und ein Zauberer mit rotem Fez. Er gab uns in schönstem Kauderwelsch eine Kostprobe seines Könnens. Und hinter ihm blitzte das blaue Meer, schimmerten die weißen Mauern von Sansibar, flimmerte der Sultanspalast im Licht, ragten Palmen und Melonenbäume in den azurnen Himmel. Es war ein wunderbarer Anblick, märchenhaft, farbig und feurig.

Friedrich Schnack, *Der Zauberer von Sansibar*, 1951

1 Emily Ruete, geborene Salme, Prinzessin von Oman und Sansibar
2 Sansibar vom Meer aus, Stich
3 Im Alten Sultanspalast residierten bis 1964 alle Sultane von Sansibar.
4 Links der Alte Sultanspalast, rechts der Neue Sultanspalast, der wegen seiner technischen Finessen auch als ›Haus der Wunder‹ bezeichnet wird

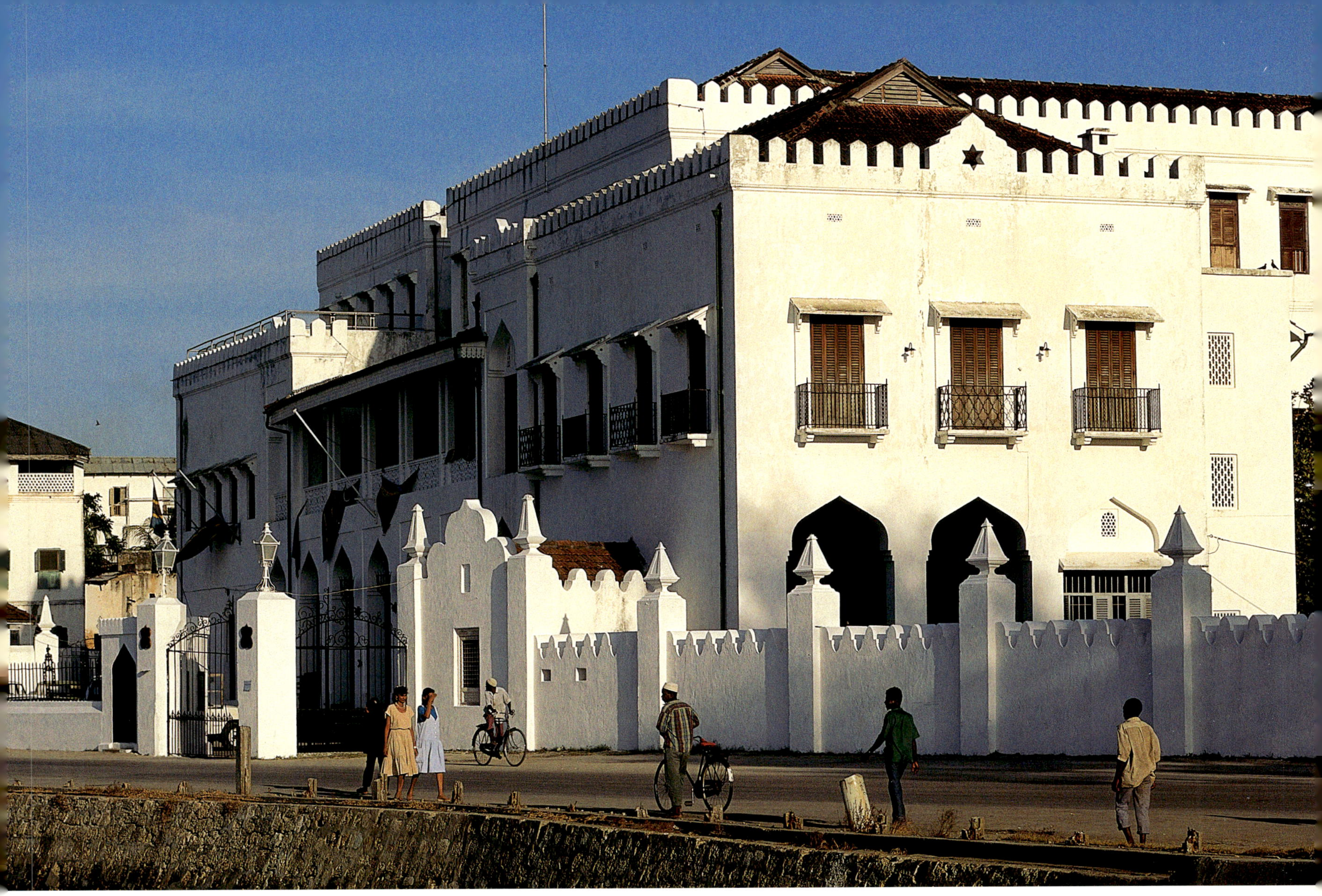

3

4

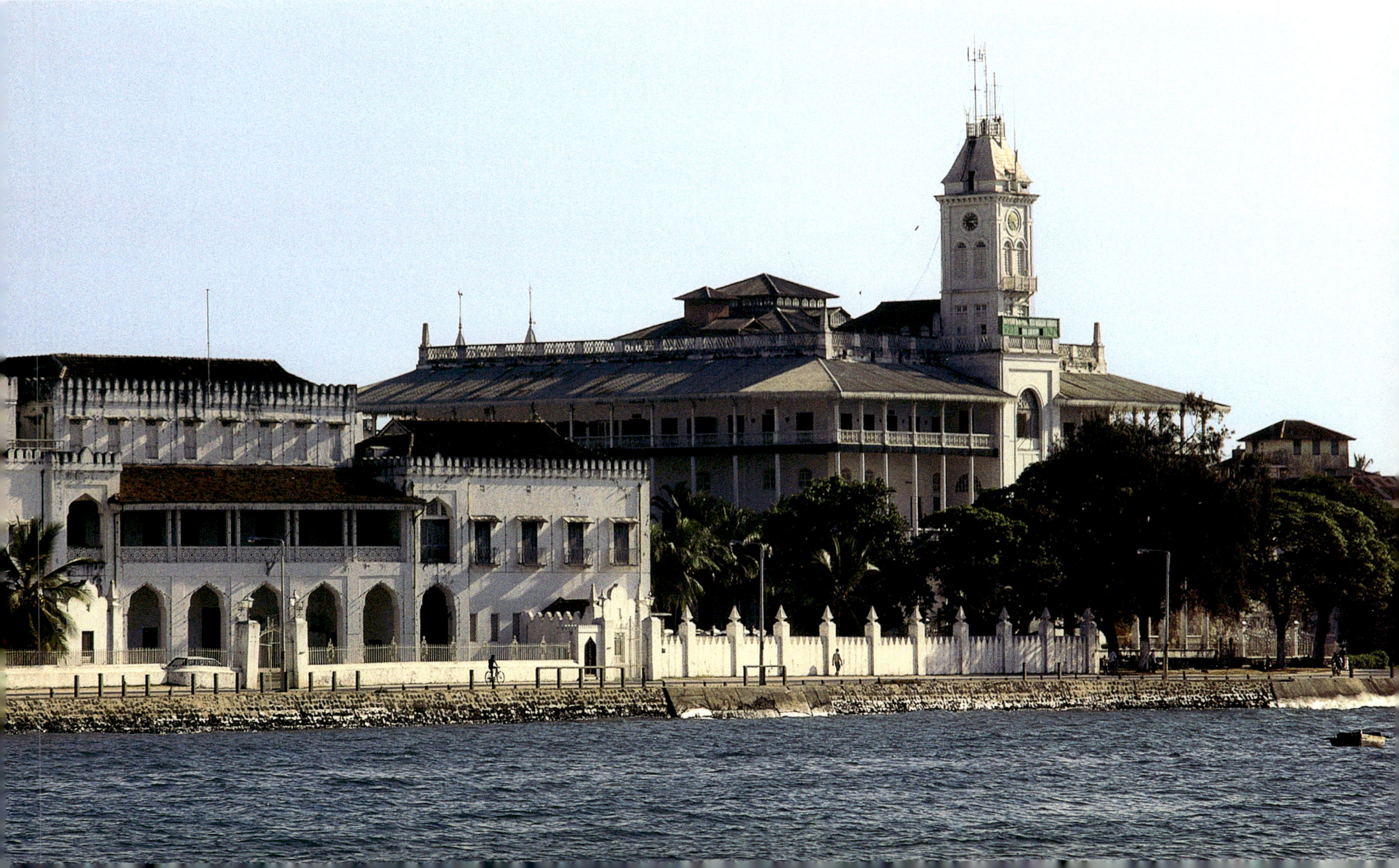

Castor und Pollux am Main
POMPEJANUM Aschaffenburg

POMPEJANUM
Deutschland, Aschaffenburg,
1840–1848
Baumeister: Friedrich von
Gärtner und Friedrich Andreas
Klumpp

Wo der Main das stille, von Spessart und Odenwald gesäumte Tal verlässt, fühlt man sich plötzlich von nahezu mediterranem Flair umfangen. Die Höhenzüge schwingen in großen Linien aus, das Klima wirkt ungewöhnlich mild, auf kahlen Steinterrassen entlang der Hänge wächst der Wein. Und dann steht man unversehens vor einer römischen Villa: »Rosenbeete und Agaven, ein Atrium mit Säulen, über dem sich ein Stück blauen Himmels wölbt; in den Mauern das leuchtende Rot und der warme Ocker Italiens. Es ist der vielleicht merkwürdigste Architekturtraum König Ludwigs I. von Bayern (1786–1868), der hier Gestalt angenommen hat«, heißt es bei einem Reiseschriftsteller des vergangenen Jahrhunderts. Der Monarch nannte die Villa ›Pompejanum‹. Denn das Vorbild, die ›Casa di Castore e Polluce‹, steht in Pompeji – jener blühenden Provinzstadt am Golf von Neapel, die am 24. August des Jahres 79 n. Chr. durch den Ausbruch des Vesuv innerhalb weniger Stunden unter einer meterdicken Schicht aus Asche, Staub und glühender Lava erstickte. Als das versunkene

Im pompejanischen Haus fühlt man sich versetzt in die antike Welt. Es ist hinreißend geworden, ich bin entzückt. Auch die Wandmalereien sind ausgezeichnet gelungen. Kommen Sie nach Deutschland, dann sehen Sie ja das Pompejanum mit seinen Pomeranzenbäumen, seinen Zypressen und all den anderen südlichen Gewächsen.

König Ludwig I. von Bayern an seinen römischen Kunstagenten Martin von Wagner, 1851

Pompeji 17 Jahrhunderte später von Schatzgräbern wiederentdeckt wurde, geriet die gelehrte Welt in Aufruhr. Nirgendwo hatten sich Gebrauchsgegenstände, Kunstwerke und Malereien des Altertums so gut erhalten wie unter der steinhart gewordenen Vulkanmasse. Publikationen mit Abbildungen der zutage geförderten Kostbarkeiten fanden reißenden Absatz – und als Edward

Bulwers Erfolgsroman *Die letzten Tage von Pompeji* erschien, gab es auch für den antikenbegeisterten König von Bayern kein Halten mehr: Ludwig I. reiste an den Golf von Neapel, um die Ausgrabungen in Augenschein zu nehmen, begleitet von seinem Architekten Friedrich von Gärtner. Dieser skizzierte die Ruinen und nahm den Grundriss eines 1828 entdeckten Hauses auf, in dem die Archäologen ein Wandgemälde der Zeussöhne Castor und Pollux gefunden hatten. Denn der König war von der ›Casa di Castore e Polluce‹ derart angetan, dass er sie zu Hause nachzubauen gedachte – in Aschaffenburg, seinem ›Nizza am Main‹. Die dortige Bevölkerung zeigte denn auch reges Interesse an dem exotisch anmutenden Projekt Ludwigs I.: Der Andrang der Schaulustigen war so groß, dass der König die Fertigstellung gefährdet sah und das Betreten der Baustelle unter Strafe stellte. Als die Arbeiten beendet waren, gruppierten sich um die beiden Innenhöfe allerlei Räumlichkeiten mit lateinischen Bezeichnungen – darunter ein Tablinum (Empfangsraum), ein Aerarium (Schatzkammer), eine Culina (Küche), zwei Triclinia (Speisezimmer), mehrere Cubicula (Schlafzimmer) sowie eine ganze Reihe von Cellae (Stuben) für die Sklaven. Ein kunstvolles Mosaik mit den Worten ›Cave Canem‹ warnt vor dem bissigen Hund. Allerdings hielt Ludwig I. in seinem Pompejanum weder einen Hund, geschweige denn Sklaven. Er hat hier nicht einmal gewohnt. Die Villa war zu keiner Zeit als königliches Refugium gedacht, sondern einzig und allein als Denkmal antiker Kultur – als Anschauungsobjekt für Kunstliebhaber und begehbares Modell eines noblen römischen Wohnhauses im Maßstab 1:1. Selbst im Garten wünschte Ludwig I. südliche Stimmung. Weil sich die Natur verweigerte, kam man allerdings nicht ohne Kunstgriffe aus. Die vorgesehenen Zypressen wurden durch Platanen ersetzt, die Schirmpinien durch Schwarzkiefern. Dafür gedeihen die Rebstöcke unterhalb der Villa prächtig: Von ihren Trauben werden alljährlich etliche Bocksbeutel ›Pompejaner‹ gekeltert.

4 >

2

3

1 Pompejanisches Haus in Aschaffenburg, perspektivischer Querschnitt des Atriums, Zeichnung von Friedrich von Gärtner
2 Die Südfassade des Pompejanums, im Hintergrund Schloss Johannisburg
3 Die rekonstruierte Rückwand des Viridariums
4 Das rekonstruierte Atrium

1

SCHLOSS MIRAMARE
Italien, bei Triest, 1856–1870
Baumeister: Carl Junker

Erzherzog Maximilian von Österreich (1832–1867) liebte das Meer, seine unendliche Weite, sein ständig wechselndes Antlitz. Eines späten Nachmittags wäre es dem jüngeren Bruder Kaiser Franz Josephs I. allerdings beinahe zum Verhängnis geworden. Als er 1855 mit dem kleinen Segler ›Madonna della Salute‹ eine Vergnügungsfahrt im Golf von Triest unternahm, verdüsterte sich plötzlich der Himmel, ein heftiger Sturm kam auf. Im letzten Augenblick erreichte das Schiff die schützende Bucht von Grignano. Durch das Unwetter war man gezwungen, in einem Fischerhaus zu nächtigen. Am nächsten Morgen lachte die Sonne vom Firmament, als ob nichts gewesen wäre – und Maximilian glaubte, es habe ihn ins Paradies verschlagen: Die landschaftliche Schönheit seines Zufluchtsortes und der atemberaubende Blick entlang der Küste Richtung Triest betörten den 23-Jährigen derart, dass er augenblicklich beschloss, sich hier seinen Wohnsitz errichten zu lassen. Am Heiligen Abend des Jahres 1860 war der Bau so weit fortgeschritten, dass Maximilian und seine Gattin Charlotte ihre Privatgemächer im Erdgeschoss beziehen konnten. Einen Teil der Räume

Auf der Punta Grignana erhebt sich hart am Meer, wie ein Adlerhorst auf eine steile Klippe hingezaubert, das Lustschloss Miramare. Hier träumte der junge Erzherzog Maximilian seine schönsten Träume, hier konnte er sich seinem poetischen Schwärmen hingeben. Und wenn er seinen Blick schweifen ließ, lag vor ihm die ganze Pracht der Adria entfaltet, mit den schwellenden Segeln, dem leuchtenden Blau und den fernen Ufern im verschwimmenden Dunst.

Tuisco Achilles Liegel, *Kaiser Maximilian von Mexiko. Erinnerungen aus dem Leben eines unglücklichen Fürsten*, 1868

hatte der junge Erzherzog, seit 1854 Oberkommandierender der österreichischen Kriegsmarine, wie Schiffskabinen ausstatten lassen. Sein Arbeitszimmer beispielsweise ist der Admiralskabine nachempfunden, die ihm auf der ›Novara‹, dem Flaggschiff der kaiserlichen Flotte, für Besprechungen mit seinem Stab zur Verfügung stand. Maximilians Liebe zum Meer zeigt sich aber auch im ›Möwensaal‹ mit den zauberhaften Abbildungen der Seevögel am Plafond, in den Salons, die mit himmelblauem Damast bespannt sind, auf welchem sich kleine Anker abzeichnen – und im ›Windrosensaal‹, der mit einer technischen Spielerei verblüfft: Die Windrose an der Decke ist mit einer Wetterfahne auf dem Dach verbunden und zeigt stets die aktuelle Windrichtung an.
Für den üppigen Garten, der dem karstigen Hinterland abgerungen war, hatte Maximilian von einer Brasilienreise exotische Bäume und Gewächse mitgebracht. Oft

traf man ihn hier inmitten von Oleanderbüschen und Olivenbäumen an – an der Staffelei stehend, um den Zauber des Augenblicks, das Licht- und Farbenspiel mit dem Pinsel auf die Leinwand zu bannen. Diese Beschäftigungen fanden ihr abruptes Ende, als dem kaum 32-jährigen Maximilian auf Betreiben Napoleons III. die Kaiserwürde von Mexiko angetragen wurde. Maximilian zögerte lange. Dann aber sagte er zu. Unter dem Donnern der Kanonen legte er am 10. April 1864 in Miramare vor einer Delegation aus Mexiko den Amtseid ab, während auf dem Schlossturm die Flagge seines künftigen Kaiserreiches gehisst wurde. Vier Tage später brachte ihn eine Prunkbarkasse vom schlosseigenen Hafen zur weiter draußen vor Anker liegenden Fregatte ›Novara‹, auf der er die Reise über den Atlantischen Ozean antrat. Es war eine Fahrt ohne Wiederkehr. Seine kurze Herrschaft in Mexiko blieb glücklos. Maximilian wurde zwischen den widerstreitenden Parteien zerrieben und am 19. Juni 1867, zweieinhalb Wochen vor seinem 35. Geburtstag, erschossen. Auf der ›Novara‹, seinem geliebten Schiff, kam nur mehr der Sarg mit seinem Leichnam nach Europa zurück. Aber man wusste, was man dem Verstorbenen schuldig war. Nachdem die Fregatte im Hafen von Triest festgemacht hatte und die sterblichen Überreste Maximilians auf den Trauerwagen des österreichischen Hofes umgeladen worden waren, machte der Leichenzug erst einmal im nahen Schloss Miramare Halt, bevor es weiterging nach Wien, in die Kapuzinergruft.

1 Ansicht des Schlosses von der See, Blatt aus der Planserie *Villa Miramar bei Triest*, Zeichnung von Albert Rieger, 1856
2 Der ›Möwensaal‹ von Schloss Miramare, Fotografie aus dem persönlichen Album Maximilians, um 1860
3 Das Schloss aus leuchtend weißem Kalkstein thront auf einem weit ins Meer ragenden Felsen.
4 *Die Erschießung Kaiser Maximilians*, Gemälde von Edouard Manet, 1868/69
5 Die Inneneinrichtung des Schlosses ist noch im Originalzustand erhalten.

2

Man kann nicht sagen, dass Ludwig II. (1845–1886) unter Wohnungsnot gelitten hätte. In den Residenzen von München und Würzburg, auf der Nürnberger Kaiserburg und auf der Burg Trausnitz waren stets luxuriös möblierte Appartements für den Märchenkönig reserviert. Außerdem konnte er, wann immer er wollte, sein Hoflager in den Familienschlössern am Starnberger See und im Allgäu aufschlagen. Selbst in idyllisch gelegenen Postgasthöfen waren Zimmer für ihn angemietet und eingerichtet worden. Und dann gab es noch die zwölf vom Vater ererbten, höchst komfortablen Jagdhütten. Doch damit nicht genug. Denn das Bauen war die große Leidenschaft Ludwigs II., seit er als Siebenjähriger unter dem Christbaum einen Kasten mit Klötzchen vorgefunden hatte, die sich zu jeder Art von Häusern, Schlössern

Dämmern eines neuen Planes: eine Ritterburg im altdeutschen, romantischen Stil. Im Hauptgebäude meine Wohnung (gotisch reich geschnitzt, getäfelt), Bankettsaal, Fremdenzimmer, hervorspringende Erker, Kapelle (Decke blau mit Sternen, mittelalterliche Glasfenster). Im Turm Adjutanten-Wohnung, Wendeltreppe hinauf zur höchsten Höhe.

König Ludwig II. von Bayern, Tagebucheintrag vom 16. April 1868

und Kirchen türmen ließen. Vorbilder faszinierten ihn: Auf dem Dach der Münchner Residenz ließ er nach dem Muster des Londoner Kristallpalastes einen riesigen Wintergarten errichten, bei Oberammergau ein Schlösschen im Stil des Petit Trianon von Madame de Pompa-

dour, auf der Insel Herrenchiemsee ein zweites Versailles und hoch in den bayerischen Alpen ein Schweizerhaus samt ›Maurischem Saal‹, wo er, orientalisch gekleidet, seine Geburtstage verbrachte, »während seine Diener, als Moslems kostümiert, im Dunst der Räucherpfannen auf Teppichen und Kissen herumlungerten, Wasserpfeifen rauchten und Mokka schlürften«, wie sich die Gattin eines Hofbeamten erinnert.

Das heute meistbesuchte Denkmal setzte er sich mit Schloss Neuschwanstein – seiner ›Gralsburg‹ bei Füssen im Allgäu. »Ich freue mich sehr darauf, demnächst dort zu hausen«, schrieb er kurz nach dem Beginn der Bauarbeiten an Richard Wagner: »Man genießt einen herrlichen Ausblick auf die Gebirge Tirols und weithin in die Ebene. Der Punkt ist einer der schönsten, die zu finden sind, heilig und unnahbar, ein würdiger Tempel für Sie, den göttlichen Freund.« Die Räume ließ Ludwig mittelalterlich einrichten und mit Szenen aus germanischen Sagen ausmalen. Gleichwohl wollte er nicht auf die Errungenschaften moderner Technik verzichten: Es gab Toiletten mit Spülautomatik, elektrische Gegensprechanlagen – und ein Telefon. 1869 bekannte Ludwig, er erlebe als Regent »den ganzen Tag nichts anderes als Verdrießlichkeiten«, weswegen er sich solche Paradiese schaffen müsse, »wo mich kein Erdenleid erreichen soll«. Letzteres blieb freilich ein frommer Wunsch: Ausgerechnet in Neuschwanstein nahm das Ende des Märchenkönigs seinen Anfang. Dort wurde er in der Nacht zum 12. Juni 1886 verhaftet, entmündigt und für abgesetzt erklärt. Ohne jede diagnostische Mühewaltung waren vier Irrenärzte zu dem Schluss gekommen, Ludwig II. sei verrückt. Dafür sei Schloss Neuschwanstein das beste Beispiel. Kaum 48 Stunden später war der Märchenkönig tot. Nach offizieller Lesart hat er sich selbst entleibt.

SCHLOSS NEUSCHWANSTEIN
Deutschland, bei Füssen,
1869–1892
Entwurf: Christian Jank
Baumeister: Eduard von Riedel,
Georg Dollmann, Julius Hofmann

4

5 >

2

1 Ansicht des Schlosses
2 Waschecke im Schlafzimmer Ludwigs II.
3 König Ludwig II. in einer Fotografie von Joseph Albert
4 Der Thronsaal
5 Neuschwanstein – begehbarer Traum des Märchenkönigs

Zuflucht der Seele

ACHILLEION   Korfu

Bei den Griechen hieß sie nur »die Eisenbahn«. Das war keineswegs despektierlich gemeint, im Gegenteil: Man bewunderte das unglaubliche Tempo, mit dem sie – sportlich und jederzeit gut zu Fuß – die Insel Korfu nach allen Richtungen durchmaß. Ihre Eile hatte aber auch einen tieferen Grund: Zeitlebens befand sich Kaiserin Elisabeth von Österreich (1837–1898), die berühmte ›Sisi‹, auf der Flucht. Das Hofzeremoniell in Wien, ihre Verpflichtungen, ihre Schwiegermutter und ihr Mann vergällten ihr das Leben. Folglich war sie ständig unterwegs und verbrachte in der Regel nicht einmal die Weihnachtsfeiertage zu Hause bei der Familie – was eine Zeitung zu der Bemerkung veranlasste, Elisabeth sei »der reizendste Gast der Wiener Hofburg«. Kaiser Franz Joseph zeigte sich denn auch nicht sehr erstaunt, als ihm seine seelisch labile, von häufigen »Nervenkrisen« heimgesuchte Gemahlin nach 34 Ehejahren eröffnete, sie betrachte Griechenland als ihre »Zukunftsheimat«. Land und Leute, Geschichte und Mythologie hatte sie bei ihren vielen Reisen längst kennengelernt, neugriechisch sprach sie ebenso fließend wie französisch, englisch und ungarisch.

Korfu schätzte sie seit einem Kuraufenthalt im Sommer 1861 besonders. Die nördlichste der ionischen Inseln war für sie »der schönste Punkt der Welt«. Denn hier glaubte sie das gefunden zu haben, wonach sie in Wien vergeb-

1

Hier in diesem Heim, das sie selbst von Grund auf errichtet und wo sie ausschließlich sie selbst sein wollte, traten die Linien ihres erhöhten Seelenlebens umso deutlicher hervor: singende Traurigkeiten, Farben ohne Namen, Nuancen wie verhauchende Düfte, verdunkelte Golde aus vergessenen Zeiten.

*Constantin Christomanos in seinem Tagebuch
über Kaiserin Elisabeth und ihr Achilleion, 1899*

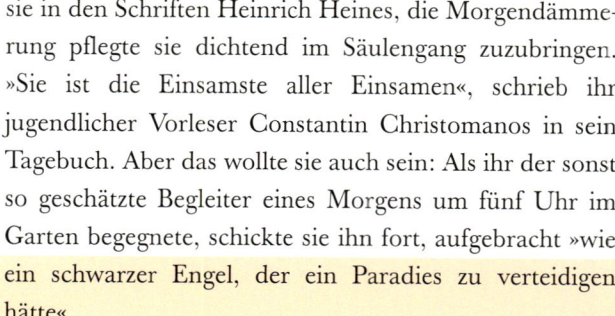

ACHILLEION
Griechenland, bei Gasturi auf der Insel Korfu, 1888–1892
Baumeister: Rafaele Carito

lich suchte – ihre Seelenruhe. Deshalb ließ sie sich gut zehn Kilometer südlich der Inselhauptstadt, auf einem Hügel am Meer mit Blick auf die albanischen Berge, einen Palast im pompejanischen Stil errichten. Den schneeweißen Bau, der von Land uneinsehbar ist und zu Zeiten Elisabeths einen eigenen Landungssteg besaß, weihte sie ihrem griechischen Lieblingshelden Achill, »weil er für mich die griechische Seele personifiziert und die Schönheit der Landschaft und der Menschen«. Mit Achill fühlte sich die eigensinnige Kaiserin aber auch im Geiste verbunden: »Er war stark und trotzig, hat alle Traditionen verachtet, nur seinen eigenen Willen heilig gehalten und nur seine Träume gelebt.« Das gedachte Elisabeth ebenso zu machen. Sie sah in Korfu ein »Asyl, wo ich ganz mir gehören darf«. Bis tief in die Nacht las

sie in den Schriften Heinrich Heines, die Morgendämmerung pflegte sie dichtend im Säulengang zuzubringen. »Sie ist die Einsamste aller Einsamen«, schrieb ihr jugendlicher Vorleser Constantin Christomanos in sein Tagebuch. Aber das wollte sie auch sein: Als ihr der sonst so geschätzte Begleiter eines Morgens um fünf Uhr im Garten begegnete, schickte sie ihn fort, aufgebracht »wie ein schwarzer Engel, der ein Paradies zu verteidigen hätte«.

1   Tempel für Heinrich Heine, den Lieblingsdichter
    der Kaiserin, im Schlosspark
2   Palast mit Säulengang und Musengarten
3, 4   Der Palast und Terrasse mit Blick übers Meer

3

4

MONTAZAH-PALAST Alexandria

MONTAZAH-PALAST
Ägypten, Alexandria,
1892–1932
Baumeister: Antonio Lasciac
und Ernesto Verrucci

Es war wie jedes Jahr zu Beginn des ägyptischen Sommers: Wer es sich leisten konnte, flüchtete vor der Backofenhitze im Landesinneren an die Mittelmeerküste. Auch den 32-jährigen König Faruk I. (1920–1965, reg. 1936–1952) hielt es nicht mehr im stickigen Kairo. Anfang Juni gab er das Signal zum Aufbruch. Ein vollbepackter Konvoi dunkler Limousinen setzte sich in Bewegung und chauffierte den Hofstaat mit Kind und Kegel nach Alexandria. Die »Perle des Mittelmeers«, wie die altehrwürdige Metropole an der Westspitze des Nildeltas genannt wird, ist seit dem Altertum die bevorzugte Sommerfrische der ägyptischen Herrscher. Schon Kleopatra verbrachte die heißesten Monate in einem Palast, der direkt am Wasser lag. Von ihren Gemächern blickte sie auf den berühmten Leuchtturm von Alexandria, der zu den ›Sieben Weltwundern‹ zählte. Und im Hafen ankerte ihr Prunkschiff, dessen Segel angeblich mit Parfüm getränkt waren. Freilich – der Glanz der Antike ist längst verblasst. Doch im 19. Jahrhundert erlebte Alexandria eine zweite Blüte: Die Stadt wurde zum Mekka europäischer Bildungsreisender, Emigranten und Bohemiens,

Die öffentlichen Gärten liegen im Süden der Sommerresidenz, dem Schauplatz der berühmten Hofbälle von Alexandria. Die verschiedenen Zufahrtswege zu diesem Park sind vor allem donnerstags und sonntags mit eleganten Karossen überfüllt. Hier schwelgt die Großstadt ungehemmt im Luxus. Und am Nachmittag spielt eine Militärkapelle europäische und arabische Sinfonien.

François Levernay, Alexandria. *Führer und Jahrbuch Ägypten, 1892*

verwunschener Garten mit Palmen, Pinien, Gazellen, einer idyllischen Bucht und einer hohen Mauer, die das hochherrschaftliche Refugium vom Trubel der Uferstraße abschirmt. Abbas II. Hilmi (1874–1944, reg. 1892–1914), der seine Jugend als Internatszögling in der Schweiz und in Österreich verbracht hatte, legte den Grundstein. Er ließ den so genannten ›Salamlek‹ hochziehen – einen wuchtigen Prunkbau nach dem Vorbild eines Wiener Stadtpalais. König Fuad I. (1868–1936, reg. 1917–1936) schwärmte mehr für Italien. Er gab auf dem insgesamt 46 Hektar großen Areal den ›Haramlek‹ in Auftrag – ein Märchenschloss, das mit seiner loggienbetonten Fassade an einen florentinischen Palazzo erinnert und mit seinem alles überragenden Turm an die ›Torre del Mangia‹, den Rathausturm der toskanischen Provinzstadt Siena. Als letzter Bauherr, der allerdings eher unerhebliche

zu einer kosmopolitischen Oase für Aristokraten, Künstler und Literaten, die das Land der Pharaonen mit seinen Pyramiden, seinen Tempeln und dem sagenumwobenen ›Tal der Könige‹ näher kennen lernen wollten. Der florierende Baumwollhandel und die Eröffnung des Suezkanals im Jahr 1869 taten ein Übriges. Alexandria galt wieder als Weltstadt, die Kaffeehäuser und Boulevards waren die mondänsten in ganz Nordafrika. Nicht nur die Fremden strömten in Scharen herbei. Auch wohlhabende Ägypter ließen sich vom Charme Alexandrias bezaubern. Überdies wussten sie die kühle Brise zu schätzen, die jederzeit für Erfrischung sorgt. Bald war der gesamte Küstenstreifen von noblen Villen gesäumt. Den Höhepunkt der damaligen Lust am Bauen markiert der Montazah-Palast am östlichen Stadtrand. Die Sommerresidenz des ägyptischen Herrscherhauses entstand auf dem ›Gazellenhügel‹ – einer Klippe über dem Meer. Die Lage ist traumhaft: Nach Norden öffnet sich ein großartiger Blick übers Wasser, nach Süden, Osten und Westen ein

Ergänzungen anordnete, trat König Faruk I. in Erscheinung. Mit ihm endete auch die Tradition des Montazah-Palastes als Sommerresidenz der ägyptischen Herrscherfamilie. Der Monarch erfuhr am 24. Juli 1952 beim Frühstück im ›Haramlek‹ von seiner Absetzung, der ein Jahr später die Ausrufung der Republik folgen sollte. Zunächst hoffte er noch, den Gang der Dinge aufhalten zu können. Angetan mit einem roten Morgenmantel griff er zum Telefon, um zu retten, was nicht mehr zu retten war. Ihm blieb nur die Flucht. Den Montazah-Palast sah er nie wieder; er starb 1965 als Exilant in Rom.

1 König Faruk I. von Ägypten bei einem Manöver mit britischen Truppen, 1940
2 Der Montazah-Palast wurde als königliche Sommerresidenz gebaut.
3 Der Leuchtturm von Alexandria war eines der Sieben Weltwunder der Antike.
4 Königspalast und Leuchtturm in der Montazah-Bucht

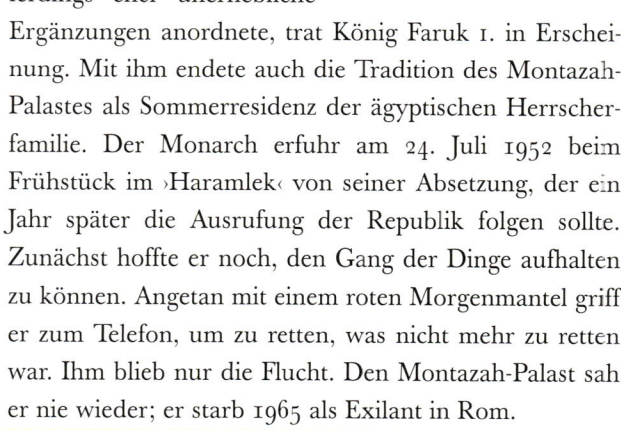

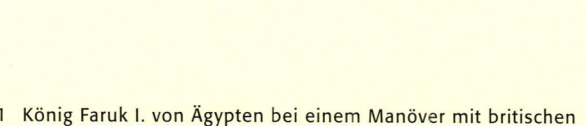

2

3   4

von dem Ägyptischen, Koniqe Ptolomæo Philadelpho an der
ber der Alexandrinischen Insuln erbaute berühmte Pharus Ein Thurm von
erbrochenen Bü, sation und prachtigen aus erbauten Singen von Westen
ter, Iumelten Statue du Nacht Feuer denen Schisfenden Vom beken gewesen

Le fameux Phare, que Ptolomée Roy d'Égypte
fit élever à l'entrée du Port d'Alexandrie C'étoit une tour de divers étages
percée en dehors d'escaliers magnifiques de marbre blanc; Au haut de laquelle on
allumoit quantité de lanternes pendant la nuit pour servir de guide aux pilotes

BAHIA-PALAST
Marokko, Marrakesch,
1894–1900
Baumeister: El Haj Mohammed
Ben Mekhi al Mifioui

Eigentlich hätte alles sehr viel kleiner und in sich geschlossener ausfallen sollen. Doch das Projekt glitt dem Architekten zunehmend aus der Hand. Die Verantwortung dafür lag bei Si Moussa, dem Bauherrn, einem einstigen Sklaven. Zum Großwesir des Sultans Mohammed ben Abd er Rahman (reg. 1822–1859) aufgestiegen und damit erster Minister im Sultanat von Marrakesch, geriet er förmlich in Ekstase. Während der Bauarbeiten kaufte er ein Grundstück nach dem anderen dazu und wünschte zahlreiche Erweiterungen seiner künftigen Residenz. Ständig mussten die ursprünglichen Pläne umgearbeitet werden. Auf diese Weise stürzte er nicht nur seinen Architekten in Konfusion. Am Ende kannte sich Si Moussa

Verschwiegen harrt der Bahia-Palast des Erwachens. Erschöpft und ermattet hängt noch die Nacht erinnerungstrunken in duftenden Zweigen. Des Sultans Großwesir, um dessen nächtliche Gunst die Haremshoffnungen kreisen – er zöge sich jetzt, ruhebedürftig, zurück in seine Gemächer. Er dächte vielleicht, bevor ihn der Schlaf übermannt, an die Kosten des Baus und die endlose Zeit, sieben Jahre, die es brauchte, um ihn zu errichten.

Aus dem Dokumentarfilm *Marrakesch –
Perle des Südens* von Josef Becker, ARD 1997

selbst nicht mehr aus. Denn als die Handwerker und Künstler abgezogen waren, präsentierte sich der Palast als acht Hektar großes, regelloses Labyrinth ineinander verschachtelter Höfe, Flure, Kemenaten, Säle und Treppenhäuser. Damit passt er aber durchaus zu Marrakesch. Denn mit seinem malerischen Durcheinander wirkt der Palast mindestens ebenso unübersichtlich wie das Gewirr der Souks, der vielen bunten Märkte, die noch heute die Quelle des Reichtums von Marrakesch darstellen. Schon

der Literatur-Nobelpreisträger Elias Canetti schwärmte: »Da gibt es einen Bazar für Gewürze und einen für Lederwaren. Die Seiler haben ihren Platz, die Korbflechter und die Juweliere ebenfalls. Von den Teppichhändlern haben manche große, geräumige Gewölbe. Und kaum denkt man sich ›heute hätte ich Lust auf gefärbte Wolle‹, schon hängt sie links und rechts in breiten Bahnen herunter, in Purpur, in Dunkelblau, in Sonnengelb und Schwarz«. Seit Jahrhunderten blüht der Handel in der alten Sultansstadt – und mit den Kaufleuten fing einst auch alles an: Marrakesch trat als Knotenpunkt von Karawanenrouten ins Licht der Geschichte. Hier tauschte man Ziegenfelle aus dem Süden gegen Zedernholz aus dem Norden, getrockneten Fisch aus dem Westen gegen roten Pfeffer aus dem Osten. Damals soll der geschäftige Handelsplatz vor der gewaltigen Silhouette des schneebedeckten Hohen Atlas allerdings ein trostloses Pflaster gewesen sein. Die Palmen, die das Stadtbild von Marrakesch beherrschen, gibt es der Legende nach erst, seit Nomaden den Ort belagerten und die Kerne ihres Dattelvorrats ungeniert ausspuckten. Die Stadt wurde zu einer blühenden Oase und galt bald als die schönste im ganzen Land. Sie sei »die über den Hohen Atlas geworfene Perle des Südens«, heißt es bei einem arabischen Dichter. Kein Wunder, dass sich die Herrscher des Landes innerhalb ihrer Mauern niederließen. Sogar der Name des Landes leitet sich von der Stadt ab: ›Marokko‹ ist die Verballhornung von ›Marrakesch‹ und geht auf europäische Kaufleute des 17. Jahrhunderts zurück. Die Einheimischen dachten sich nichts dabei – solange die Fremden Waren und Geld in die Stadt brachten, wovon beispielsweise der Großwesir Si Moussa profitierte. Sein verwinkelter Palast, der von außen unscheinbar wirkt und nach Bahia, seiner Lieblingsfrau, benannt ist, entfaltet in seinem Inneren den Prunk aus Tausendundeiner Nacht: Die Böden sind mit farbigem Marmor belegt, die Wände mit bemalten Fliesen gekachelt, die Säulen mit Mosaiken aus Glas dekoriert. An den Decken hängen kostbare Lüster, die Möbel sind aus Zedernholz – und überall findet sich meisterhafter maurischer Stuck. In die Filmgeschichte hat der Palast Eingang gefunden, weil er 1961 bei den Dreharbeiten für *Lawrence von Arabien* als Kulisse diente. Bei den Einheimischen ist er aus einem anderen Grund in aller Munde: Sieben Jahre dauerte der Bau – sehr viel länger als erwartet. Deshalb heißt es in Marokko noch heute, wenn eine Angelegenheit erst nach zähem, enervierendem Ringen zu Ende geht: ›Endlich ist die Bahia fertig!‹

1

2

3

4

1 Innenhof des Palastes
2 In den Innenhöfen des Palastes finden sich
  maurische Gärten mit Springbrunnen zur
  Kühlung.
3 Der Bahia-Palast trägt auch den Beinamen
  ›der Glitzernde‹.
4 Mit Mosaiken geschmückter Innenraum

PRÄSIDENTENPALAST Havanna

PRÄSIDENTENPALAST
Kuba, Havanna, 1913–1920

Die Wolken hingen tief über Havanna, es regnete in Strömen. Trotzdem feierten am 10. Oktober 1940 Zehntausende den Wahlsieg von General Fulgencio Batista y Zaldívar (1901–1973). Aus kleinbürgerlichen Verhältnissen hatte er sich nach oben durchgeboxt – und jetzt war er der neue Präsident Kubas. Punkt zwölf Uhr trat er, »überm Kopf einen Regenschirm, auf den Balkon des Präsidentenpalastes«, so der kubanische Schriftsteller Miguel Barnet: »Bevor er jedoch zu reden begann, winkte er den Schirmträger fort und trotzte dem Regen ohne Schutz. Die Menschen klatschten und johlten bis zur Heiserkeit. Das Heeresmusikkorps spielte die Nationalhymne, und vor dem Palast fuhren die Einsatzwagen der Polizei mit ohrenbetäubendem Tatütata Schleifen«. Auf Batista ruhten alle Hoffnungen der Kubaner. Denn sie hätten gern angeknüpft an die Goldgräberstimmung der Jahre zwischen 1900 und 1920. Damals waren die

Im neobarocken Prunksaal des einstigen Präsidentenpalastes spielte ein Videogerät aus der ehemaligen DDR einen Propagandafilm über die kubanische Armee ab, der sich immer automatisch zurückspulte und wieder von vorn begann. Die einzige Zuschauerin, eine unbewaffnete Soldatin in grüner Uniform, schlief tief und fest auf einem der unbequemen Stühle. In diesem Raum wurden früher die Staatsgäste empfangen, erklärte eine Aufseherin.

Alfred Herzka, *Kuba – Abschied vom Kommandanten?*, 1998

Preise für Zuckerrohr – den wichtigsten Exportartikel des Landes – in derart astronomische Höhen geschnellt, dass man bald vom ›Tanz der Millionen‹ sprach. Am deutlichsten zeigte sich der wachsende Reichtum im Antlitz der Stadt. Innerhalb weniger Jahre verwandelte sich Havanna, von jeher die ›Königin der Karibik‹, in eine glanzvolle Metropole europäischen Zuschnitts. Repräsentative Firmensitze schossen aus dem Boden, elegante Stadtpalais, luxuriöse Ladenzeilen und mondäne Nobelherbergen. Auch die Regierung beteiligte sich am architektonischen Wettbewerb. Sie gab den monumentalen Präsidentenpalast in Auftrag und ließ ihn von der Tiffany's Glass and Decorating Company in New York einrichten. Die Präsidenten, die ab 1920 in dem erlesenen Ambiente residierten, waren allerdings – mit wenigen Ausnahmen – nicht viel mehr als korrupte, durch Wahlbetrug oder einen Staatsstreich an die Macht gekommene Gewaltherrscher. Persönliche Bereicherung, Vetternwirtschaft und Machtmissbrauch standen auf der Tagesordnung. Für die Sorgen des Volkes hatten die Herrschenden wenig übrig. Als die Zuckerpreise in den Keller fielen, die Armut um sich griff und soziale Unruhen ausbrachen, wussten sie sich nicht anders zu helfen, als diktatorisch durchzugreifen. Dazu kam, dass die Wirtschaft Kubas inzwischen zum Großteil in den Händen amerikanischer Gesellschaften lag, die die Gewinne rücksichtslos abschöpften. Batista, so dachten die Menschen, würde diesen Augiasstall ausmisten. Doch weit gefehlt. Der nahezu allmächtige Herr der ›Zuckerinsel‹ hielt es nicht anders als seine verhassten Vorgänger. Die Korruption nahm ungeahnte Ausmaße an, der staatlich geduldete Handel mit Alkohol und Drogen, das Glücksspiel und die Prostitution blühten. Kuba wurde zum ›Hinterhof und Bordell der USA‹. Gleichzeitig ging Batistas Geheimpolizei immer brutaler gegen Regimekritiker vor, deren verstümmelte Leichen zur Abschreckung an Straßenlaternen aufgeknüpft wurden.

Im Karneval 1953 probte ein junger Rechtsanwalt namens Fidel Castro mit rund hundert Gesinnungsgenossen den Aufstand. Ihr Versuch, eine Kaserne zu stürmen, misslang allerdings ebenso wie – vier Jahre später – ein Angriff auf den Präsidentenpalast. Das Ziel, Batista festzunehmen und anschließend hinzurichten, blieb unerreicht. Erst Ende 1958 gelang die Wende. Fidel Castro, inzwischen von Ernesto ›Che‹ Guevara unterstützt und Befehlshaber einer Rebellenarmee mit rund 50 000 Mann, konnte die Truppen Batistas zerschlagen. Der Diktator war zutiefst schockiert. Er ließ sich aber nichts anmerken und feierte im Präsidentenpalast noch eine rauschende Sylvesterparty. Tatsächlich aber hatte er seine Koffer längst gepackt. Am 1. Januar 1959 um zwei Uhr morgens floh er mit dem goldenen Fernseher aus dem Prunksaal und 35 Millionen Dollar aus der Staatskasse in die Dominikanische Republik. Wenige Wochen später wurde in seiner einstigen Residenz das Revolutionsmuseum eröffnet. Zu dessen Schätzen zählen nicht mehr die Kostbarkeiten aus dem Hause Tiffany's, sondern leer geschossene Kalaschnikows, ausgebeulte Lederstiefel und blutverschmierte Hosen der Guerilleros.

1 Der ehemalige Präsidentenpalast im Kolonialstil beherbergt heute das Revolutionsmuseum.
2 Fidel Castro in Santiago de Cuba, 1964
3 Blick in eine der eleganten Einkaufsstraßen Havannas zur Zeit Batistas
4 Treppenhaus

1

4

2

3

HEARST CASTLE San Simeon

HEARST CASTLE
USA, San Simeon, 1919–1947
Baumeisterin: Julia Morgan

Die Architektin Julia Morgan, die erste weibliche Absolventin der Akademie der Schönen Künste in Paris, wusste nicht, was sie erwartete. Sie hatte einen Anruf des amerikanischen Medienmoguls William Randolph Hearst (1863–1951) erhalten: Ob sie nicht mit hinausfahren wolle nach San Simeon, an den Pazifik. Denn dort, auf halber Strecke zwischen Los Angeles und San Francisco, könne er ihr all die Antiquitäten zeigen, die dringend ein adäquates Zuhause bräuchten. Natürlich kam Julia Morgan mit, und sie staunte. Die Schuppen, die sich über den riesigen Hearst'schen Familienbesitz an der amerikanischen Westküste verteilten und eigentlich zur Unterbringung landwirtschaftlicher Geräte gedacht waren, quollen über vor Kunstwerken. Unter einer dicken Staubschicht dämmerten römische Amphoren, Götterstatuen, Reisetruhen aus der Zeit der Gotik, Kaminsimse, Heiligenfiguren, flämische Wandteppiche und Gemälde alter Meister besseren Tagen entgegen. In einer

Fernab von der Hektik der Städte streicht der Wind über die sanften, grünen Hügel. Leise rauschen die Pinien, unten glitzert das Meer. In dieser bezaubernden Lage hat sich der Verleger William Randolph Hearst ein Schloss errichten lassen, das wie eine spanische Kathedrale aussieht. Die drei Gästehäuser ähneln französischen Villen, und der Swimmingpool ist von einer antiken Tempelfassade und griechisch anmutenden Säulengängen eingerahmt. Es ist alles so unwirklich, dass man zu träumen glaubt.

Nach Oliver Carlson und Ernest Sutherland Bates, *Hearst. Lord of San Simeon*, 1936

der Scheunen hatte Hearst eine gewaltige, in Einzelteile zerlegte Kassettendecke aus einem italienischen Palazzo eingelagert, in einer anderen ganze Kisten voller Tafelsilber – und ein mächtiges schmiedeeisernes Gitter aus einem Kloster in Spanien. Der milliardenschwere amerikanische Verleger, der auf dem Höhepunkt seiner Laufbahn 26 Zeitungen, 13 Zeitschriften, 8 Radiostationen und einen eigenen Nachrichtendienst besaß, war der

Kunst geradezu verfallen. Er kannte sich aber auch aus: »Die Kataloge der großen Auktionshäuser zählten zu seiner täglichen Lektüre. Und wenn er in Europa war, eilte er von einer Versteigerung zur nächsten«, erinnert sich ein Mitarbeiter: »Man konnte ihm eine x-beliebige Skulptur unter die Nase halten, und er wusste sofort, woher sie stammte, aus welcher Epoche und aus welcher Schule. Er irrte so wenig wie ein Antiquitätenhändler in Paris oder London.« Der Medienzar wollte seine Schätze nicht nur besitzen, er wollte sie auch zur Geltung bringen. Dafür brauchte er Julia Morgan. Sie sollte einen Rahmen für die Kunstwerke schaffen, in den sich beispielsweise das holzgeschnitzte Chorgestühl, das Hearst aus Frankreich mitgebracht hatte, zentimetergenau einfügen lassen würde. So entstand auf dem familieneigenen Grund oberhalb der Pazifikküste »des Tycoons Fabelbauwerk«: Hearst Castle. Jenseits der Debatte, ob es sich bei dem Komplex um eine künstlerische Entgleisung handelt, ist Hearst Castle vor allem eines – ein weltweites Unikat. Schon Charlie Chaplin und Charles Lindbergh, Winston Churchill und George Bernard Shaw wandelten als Gäste des Hausherrn über römische Mosaiken und maurische Fliesen, nächtigten in Zimmern mit kostbarem Mobiliar aus vergangenen Jahrhunderten und erfrischten sich in einem Pool, dessen Maße nach dem Goldenen Schnitt berechnet sind. Und trotzdem: Um zu sparen, installierte Hearst für seine Gäste, denen sonst alles kostenlos zur Verfügung stand, Münzfernsprecher. Und die Wände, vor denen die Gobelins hängen, ließ er erst gar nicht verputzen. An solchen Stellen zeigt sich auch, aus welchem Material Hearst Castle eigentlich besteht: aus Stahlbeton.

1 Das Hauptgebäude der Anlage ist die Casa Grande, die nach dem Vorbild einer spanischen Kathedrale errichtet wurde
2 Das römische Hallenbad
3 William Randolph Hearst mit Julia Morgan, der Architektin seines Schlosses in San Simeon
4 Der Neptunpool wird von einer Tempelfassade eingerahmt, die aus Überresten antiker Gebäude besteht

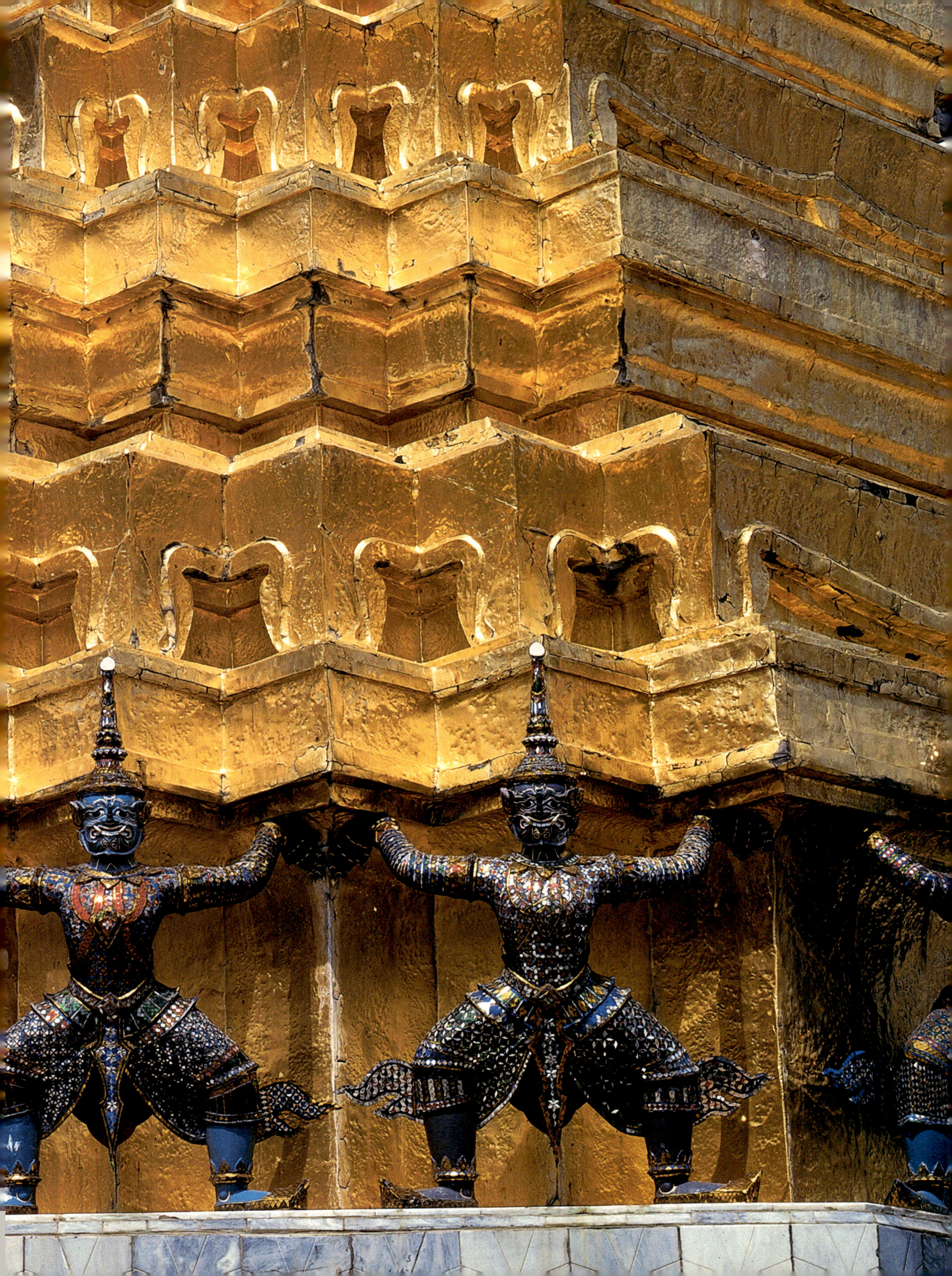

LITERATUR

Windsor Castle, Windsor   Seite 12

Zitat nach Königin Victoria von England, Tagebuch-
eintrag vom 10. Februar 1840, aufgefunden bei Kurt
Tetzeli von Rosador und Arndt Mersmann: *Queen
Victoria. Ein biographisches Lesebuch*, München 2000
Michael De-la-Noy: *Windsor Castle. Past and Present*,
London 1990
Ronald D. Gerste: *Queen Victoria. Die Frau hinter dem
Mythos*, Regensburg 2000
Jürgen Lotz: *Victoria*, Reinbek bei Hamburg 2000
John M. Robinson: *Windsor Castle. A short History*,
London 1996

Hradschin, Prag   Seite 14

Zitat nach dem Inventar der Kunstkammer
Rudolfs II. auf dem Hradschin, 1607–1611, aufge-
funden bei Patrick Mauries: *Das Kuriositätenkabinett*,
Köln 2002
Eliska Fucíková (Hg.): *Rudolf II and Prague. The Court
and the City*, London 1997
Karl Fürst von Schwarzenberg u. a. (Hg.): *Der
Hradschin. Die Prager Burg und ihre Kunstschätze*,
Freiburg/Basel/Wien 1992
Gertrude von Schwarzenfeld: *Rudolf II. Ein deutscher
Kaiser am Vorabend des Dreißigjährigen Krieges*,
München 1979
Erich Trunz: *Wissenschaft und Kunst im Kreise Kaiser
Rudolfs II.*, Neumünster 1992
Karl Vocelka: *Rudolf II. und seine Zeit*, Wien/Köln/
Graz 1985

Louvre, Paris   Seite 16

Zitat nach François Mitterand in seinem Vorwort zu
Der Grand Louvre – Geschichte eines Projekts, 1993, auf-
gefunden bei Elisabeth de Farcy und Frédéric
Morvan: *Louvre*, Köln 1995
Jean-Claude Daufresne: *Le Louvre et les Tuileries*,
Paris 1994
Bernard Faÿ: *Ludwig XVI. oder das Ende einer Welt*,
München 1956
John Hardman: *Louis XVI*, London 2000
Ieoh M. Pei, Emile Biasini und Jean Lacouture:
L'Invention du Grand Louvre, Paris 2001

Hofburg, Wien   Seite 18

Zitat nach Friedrich Anton Freiherr von Schönholz:
*Traditionen zur Charakteristik Österreichs, seines Staats-
und Volkslebens unter Franz I.*, Leipzig 1844
Franz Herre: *Wien. Historische Spaziergänge*, Köln 1992
Franz Schnürer: *Habsburger-Anekdoten*, Stuttgart 1906
Tomáš Rygl: *Wien – Hofburg*, Jihlava (Iglau) 2002
Georg Schreiber: *Die Hofburg und ihre Bewohner*, Wien
1993

Schloss Blois, Blois   Seite 20

Zitat nach Honoré de Balzac: *Katharina de Medici*, in:
La Comédie Humaine, Paris 1842–1848 (in deutscher
Sprache auszugsweise erstmals 1846 in Quedlinburg
unter dem Titel *Erbsenblüthe* und vollständig erst-
mals 1908 in Leipzig unter dem Titel *Die menschliche
Komödie* erschienen)
Frédéric Lesueur: *Le Château de Blois*, Paris 1970
Irene Mahoney: *Katharina von Medici – Königin von
Frankreich*, München 1995
Jean Orieux: *Katharina von Medici*, München 1998
Jean-Marie Pérouse de Montclos und Roberto
Polidori: *Schlösser im Loiretal*, Köln 1997
Pascale Thibault: *Das Schloß von Blois*, Florenz 1991

Alhambra, Granada   Seite 22

Zitat nach Washington Irving: *Erzählungen von der
Alhambra*, Nachdruck der deutschsprachigen
Ausgabe von 1832, Madrid 1999
Almut von Gladiß und Margot Scheffold (Hg.):
Schätze der Alhambra. Islamische Kunst aus Andalusien,
Tübingen/Berlin 1995
Oleg Grabar: *Die Alhambra*, Köln 1981
Jules Grécy: *Die Alhambra zu Granada*, Wiesbaden
2002
Henri und Anne Stierlin: *Alhambra*, München 1993

Dogenpalast, Venedig   Seite 24

Zitat nach Joseph Victor von Scheffel: *Gedenkbuch über
stattgehabte Einlagerung auf Castell Toblino im Triden-
tinischen Juli und August 1855*, Stuttgart 1901
Helmut Dumler: *Venedig und die Dogen*, Düsseldorf
2001
Umberto Franzoi: *Storia e Leggenda del Palazzo Ducale
di Venezia*, Venedig 1982
Umberto Franzoi, Terisio Pignatti und Wolfgang
Wolters: *Il Palazzo Ducale di Venezia*, Treviso 1990
Hugh Honour: *Venedig*, München/London/New York
2000
Marianne Langewiesche: *Dogenpalast*, in: *Paläste,
Schlösser, Residenzen*, hg. von Hermann Boekhoff
u. a., Erlangen 1993

Kaiserpalast, Peking   Seite 26

Zitat nach einem Brief des deutschen Botschafters in
Peking, Gerhard von Mutius, vom 16. Mai 1908,
aufgefunden bei Georg Adolf Narciß (Hg.): *Im
fernen Osten. Forscher und Entdecker in Tibet, China,
Japan und Korea 1689-1911*, Frankfurt am Main 1985
Yipeng Jiao: *Peking*, Köln 2002
Roderick MacFarquhar u. a.: *The Forbidden City*, New
York 1972
Aisin-Gioro Pu Yi: *Ich war der Kaiser von China. Die
Autobiographie des letzten chinesischen Kaisers*, München
1987

Wan-go Wenig und Yang Boda: *Das Palastmuseum
Peking. Die Schätze der Verbotenen Stadt*, München 1982

Stadtschloss, Berlin   Seite 28

Zitat nach *Der Tagesspiegel* (Berlin). 8. September
1950, aufgefunden bei Hela Zettler und Horst Mau-
ter (Hg.): *Das Berliner Schloß. Eine Fotodokumentation
der verlorenen Stadtmitte*, Berlin 1991
Goerd Peschken und Hans-Werner Klünner: *Das
Berliner Schloß*, Frankfurt am Main/Berlin 1991
Renate Petras: *Das Schloß in Berlin. Von der Revolution
1918 bis zur Vernichtung 1950*, Berlin/München 1992
Bodo Rollka und Klaus-Dieter Wille: *Das Berliner
Stadtschloß. Geschichte und Zerstörung*, mit einem
Nachwort von Wolf Jobst Siedler, Berlin 1993
Liselotte Wiesinger: *Das Berliner Schloß. Von der
kurfürstlichen Residenz zum Königsschloß*, Darmstadt
1989

Vatikanischer Palast, Rom   Seite 30

Zitat nach Evelyn Marc Phillips nach der Wiederer-
öffnung der Borgia-Gemächer, 1897, aufgefunden
bei Redig de Campos (Hg.): *Die Kunstschätze des
Vatikans*, Freiburg/Basel/Wien 1974
Maurizio Fagiolo dell'Arco (Hg.): *Petersdom und
Vatikan*, Freiburg/Basel/Wien 1983
Joachim Brambach: *Die Borgia. Faszination einer
Renaissance-Familie*, München 1997
Ivan Cloulas: *Die Borgias. Biographie einer Familien-
dynastie*, Zürich 1988
Gregorovius, Ferdinand: *Papst Alexander VI. und seine
Zeit*, Berlin 1942

Palazzo Pitti, Florenz   Seite 32

Zitat nach Jacob Burckhardt: *Die Kultur der Renaissance
in Italien*, Leipzig 1860
Marco Chiarini und Elisa Acanfora: *Palazzo Pitti.
L'Arte e la Storia*, Florenz 2000
James Cleugh: *Die Medici. Macht und Glanz einer
Familie*, München 2002
Humbert Fink: *Begegnung mit Florenz*, Innsbruck 1988
Fritz Gordian: *Palazzo Pitti*, in: *Paläste, Schlösser,
Residenzen*, hg. von Hermann Boekhoff u. a., Erlan-
gen 1993
Francesco Gurrieri und Patrizia Fabbri: *Die Paläste von
Florenz*, München/Berlin 1996

Topkapı-Palast, Istanbul   Seite 34

Zitat nach Jean Thevenot: *Reisen in Europa*, Berlin
1779, aufgefunden bei Klaus Kreiser: *Istanbul. Ein
historisch-literarischer Stadtführer*, München 2001
Klaus Brisch: *Schätze aus dem Topkapi-Serail*, Berlin
1988

Fanny Davis: *The Palace of Topkapi in Istanbul*, New York 1970
Godfrey Goodwin: *Topkapi Palace*, London 1999
Chris Hellier und Francesco Venuti: *Villen und Paläste am Bosporus*, München 1994

Terem-Palast, Moskau   Seite 36

Zitat nach Ernst Moritz Arndt: *Erinnerungen aus dem äußeren Leben*, Leipzig 1840
Abraham Ascher: *Der Kreml*, Luzern/Stuttgart 1975
David Douglas Duncan: *Der Kreml. Seine Schätze und seine Geschichte*, München 1984
Valentina Gregorjan: *Zarenschicksale. Glanz und Skandale am Hof der Zarendynastie Romanow Holstein-Gottorp*, Leipzig 1997
Irina Rodimzewa u. a.: *Der Kreml und seine Kunstschätze*, München 1990
Marina Martynowa und Valentin Tschorny: *Der Kreml. Geschichte – Architektur – Museen*, Leipzig 1990

Holyroodhouse, Edinburgh   Seite 38

Zitat nach Pierre de Bourdeille Seigneur de Brantôme: *Lebenserinnerungen*, 1665/66, aufgefunden bei Nieter O'Leary: *Holyroodhouse*, in: *Paläste, Schlösser, Residenzen*, hg. von Hermann Boekhoff u.a., Erlangen 1993
Alan Bold: *Schloß Holyroodhouse*, London 1980
Michel Duchein: *Maria Stuart. Eine Biographie*, Zürich 1998
Hugh Montgomery-Massingberd: *Schlösser und Adelssitze in Schottland*, Köln 1998
James Smith Richardson: *The Abbey and Palace of Holyroodhouse*, Edinburgh 1978

Hampton Court Palace, London   Seite 40

Zitat nach Theodor Fontane: *Ein Picknick in Hampton Court*, in: *Ein Sommer in London*, Dessau 1854
Uwe Baumann: *Heinrich VIII.*, Reinbek bei Hamburg 1991
Antonia Fraser: *Die sechs Frauen Heinrichs VIII.*, Hildesheim 1995
Nieter O'Leary: *Hampton Court Palace*, in: *Paläste, Schlösser, Residenzen*, hg. von Hermann Boekhoff u. a., Erlangen 1993
Roy Nash: *Hampton Court. The Palace and the People*, London 1983
Theo Stemmler: *Heinrich VIII. Ansichten eines Königs*, Frankfurt am Main/Leipzig 1991

Schloss Chambord, Loire-Tal   Seite 42

Zitat nach Alfred Comte de Vigny: *Cinq-Mars ou une Conjuration sous Luois XIII*, Paris 1826 (in deutscher Sprache erstmals 1829 in Leipzig unter dem Titel *Cinq-Mars oder Eine Verschwörung unter Ludwig XIII.* erschienen)
Monique Chatenet: *Chambord*, Paris 2001
Wolfgang Metternich: *Schloß Chambord an der Loire*, Darmstadt 1985
Jean-Marie Pérouse de Montclos und Roberto Polidori: *Schlösser im Loiretal*, Köln 1997
Geneviève-Morgane Tanguy: *Mille et une Nuits de Chambord*, Chambray 1998
Christian Trézin: *Chambord*, Rennes 1992

Palais Noordeinde, Den Haag   Seite 44

Zitat nach einen Brief von Königin Sophie der Niederlande an ihre Freundin Lady Malet vom 18. Mai 1849, aufgefunden bei Paul den Boer: *Het Hùijts int Noordeynde. The Royal Palace Noordeinde in an historical View*, Zutphen 1986
Bertus Aafjes: *Den Haag*, Den Haag und Hamburg 1958
Hella S. Haasse und S. W. Jackman: *Een Vreemdelinge in Den Haag*, Amsterdam 1984
Coenraad A. Tamse: *Eine württembergische Prinzessin auf dem niederländischen Thron. Königin Sophie der Niederlande (1818–1877)*, in: *Zeitschrift für württembergische Landesgeschichte*, XXXIX. Jahrgang, Stuttgart 1980
Coenraad A. Tamse (Hg.): *Nassau und Oranien. Statthalter und Könige der Niederlande*, Göttingen/Zürich 1985

Schloss Fontainebleau, Fontainebleau   Seite 46

Zitat nach Alphonse de Lamartine: *Histoire de la Restauration*, Paris 1851–1852 (in deutscher Sprache erstmals 1851–53 in Stuttgart unter dem Titel *Geschichte der Restauration* erschienen)
Bernard Champigneulle: *Versailles und Fontainebleau*, München 1984
Carlo Cordie: *Das Schloß Fontainebleau bei Paris*, Herrsching 1989
Max Gallo: *Napoleon*, 2 Bde., Berlin 2002
Andre Maurois: *Napoleon*, Reinbek bei Hamburg 1989
Otto Rombach: *Fontainebleau*, in: *Paläste, Schlösser, Residenzen*, hg. von Hermann Boekhoff u. a., Erlangen 1993

Schloss Gripsholm, bei Mariefred   Seite 48

Zitat nach Kurt Tucholsky: *Schloß Gripsholm*, Berlin 1931
Helga Bemmann: *Kurt Tucholsky. Ein Lebensbild*, Berlin 1990
Michael Hepp: *Kurt Tucholsky*, Reinbek bei Hamburg 1998
Ulf G. Johnsson: *Gripsholm*, Stockholm 1990
Bengt Paul: *Gripsholm*, in: *Paläste, Schlösser, Residenzen*, hg. von Hermann Boekhoff u. a., Erlangen 1993
Beate Schmeichel-Falkenberg: *Kurt Tucholskys letzte Jahre in Schweden 1929–1935*, in: *Exil* Nr. 1, 1988

Alccázar, Toledo   Seite 50

Zitat nach Maurice Barrès: *Der Greco* oder: *Das Geheimnis von Toledo*, München 1911
Pedro de Alcocer: *Hystoria o Descripción dela imperial Cibdad de Toledo*, Nachdruck der Ausgabe von 1554, Madrid 1973
Gustav Faber: *Kastilien*, München/London/New York 2000
Alfred Kohler: *Karl V. Eine Biographie*, München 1999
Peter Lahnstein: *Auf den Spuren von Karl V.*, Bergisch Gladbach 1985
Herbert Nette: *Karl V.*, Reinbek bei Hamburg, 2000

Heidelberger Schloss, Heidelberg   Seite 52

Zitat nach *Heidelberg, Mannheim und Schwetzingen für Reisende*, 1808, aufgefunden bei Volker Sellin, Hanns Hubach und Franz Schlechter: *Heidelberg. Das Schloß*, Frankfurt am Main 1995
Sigrid Gensichen: *Das Heidelberger Schloß*, in: *Heidelberg. Geschichte und Gestalt*, hg. von Elmar Mittler, Heidelberg 1996
Hanns Hubach: *Kurfürst Ottheinrich als Hercules Palatinus. Vorbemerkungen zur Ikonographie des Figurenzyklus' an der Fassade des Ottheinrichsbaus im Heidelberger Schloß*, in: *Pfalzgraf Ottheinrich*, hg. von Barbara Zeitelhack, Regensburg 2002
Poensgen, Georg (Hg.): *Ottheinrich. Gedenkschrift zur 400jährigen Wiederkehr seiner Kurfürstenzeit in der Pfalz (1556–1559)*, Heidelberg 1956
Alexander von Reitzenstein: *Ottheinrich von der Pfalz*, Bremen/Berlin 1938

El Escorial, bei Madrid   Seite 54

Zitat nach Carlos Fuentes: *Die Alte Welt*, in: *Terra Nostra*, 1975, aufgefunden bei Harry und Jürgen Weigand: *Kastilien – Herz von Spanien*, München 1999
Edward Grierson: *Philipp II. – König zweier Welten*, Frankfurt am Main 41984
Juan A. Hernández Ferrero: *Spanische Königspaläste. Zeugnisse einer Nationalgeschichte*, Köln 1999
Ludwig Pfandl: *Philipp II. – Gemälde eines Lebens und einer Zeit*, München 1938
César Ruiz-Larrea Cangas: *El Escorial. La Arquitectura del Monasterio*, Madrid 1986
Manfred Vasold: *Philipp II.*, Reinbek bei Hamburg 2001

Schloss Aranjuez, Aranjuez   Seite 56

Zitat nach Cees Nooteboom: *Die schönen Tage in Aranjuez*, in: *Merian Madrid*, 2001
Cesare Giardini: *Don Carlos. Infant von Spanien*, München 1994
Juan A. Hernández Ferrero: *Spanische Königspaläste. Zeugnisse einer Nationalgeschichte*, Köln 1999

Paulina Junquera de Vega und Teresa Ruiz Alcon: *Palacio Real de Aranjuez*, Madrid 1985
Friedrich Schiller: *Don Carlos. Infant von Spanien*, Mannheim 1785
Graham Wade: *Joaquín Rodrigo and the Concierto de Aranjuez*, Leeds 1985

Kaiserpalast, Tokio   Seite 58

Zitat nach Engelbert Kaempfer: *Geschichte und Beschreibung von Japan*, 1777-1779, aufgefunden bei Adolf Narciß: *Im Fernen Osten. Forscher und Entdecker in Tibet, China, Japan und Korea. 1689-1911*, Frankfurt am Main 1985
Charles Dunn und Laurence Broderick: *Everyday Life in traditional Japan*, New York 1997
Thomas Immoos und Erwin Halper: *Japan. Tempel, Gärten und Paläste*, Köln 1987
Martin Lutterjohann: *Tokio*, Bielefeld 2002
Edwin Oldfather Reischauer: *Japan. The Story of a Nation*, New York 1998

Schloss Hellbrunn, Salzburg   Seite 60

Zitat nach Domenico Ghisberti: *Die Reise des Kurfürsten von Bayern nach Salzburg*, München 1670, aufgefunden bei Robert R. Bigler: *Schloß Hellbrunn. Wunderkammer der Gartenarchitektur*, Wien 1996
Ernst Bassermann-Jordan: *Die Wasser-Automaten und Wasserkünste im Parke des Lustschlosses Hellbrunn bei Salzburg*, Leipzig 1928
Franz Martin: *Schloß Hellbrunn bei Salzburg*, Wien/Augsburg 1925
Tötschinger, Gerhard: *Hellbrunn. Ein Fest*, München/Wien 1987
May Woods: *Italian Water Jokes and Automata at Schloß Hellbrunn in Austria*, in: *Follies. The international Magazin for Follies, Grottoes and Garden Buildings*, Bd. 10, Nr. 4 (1999)

Potala-Palast, Lhasa   Seite 62

Zitat nach Heinrich Harrer: *Erinnerungen an Tibet*, Frankfurt am Main/Berlin 1998
Roland Barraux: *Die Geschichte der Dalai-Lamas. Göttliches Mitleid und Politik*, Solothurn/Düsseldorf 1995
Dalai Lama: *Das Buch der Freiheit. Die Autobiographie des Friedensnobelpreisträgers*, Bergisch Gladbach 1990
Anthony Guise (Hg.): *The Potala of Tibet*, London 1988
Michael Taylor: *Mythos Tibet. Entdeckungsreisen von Marco Polo bis Alexandra David-Neel*, Braunschweig 1988

Schloss Versailles, Versailles   Seite 64

Zitat nach Mark Twain: *The innocent Abroad*, Hartford 1869 (in deutscher Sprache erstmals 1875 in Leipzig unter dem Titel *Die Arglosen auf Reisen* bzw. *Die Arglosen im Ausland* erschienen)
Nicholas d' Archimbaud: *Versailles*, München 2001
Simone Hoog und Béatrix Saule: *Versailles*, Versailles 2000
Jean-Marie Pérouse de Montclos und Roberto Polidori: *Versailles*, Köln 1996
Uwe Schultz: *Versailles. Die Sonne Frankreichs*, München 2002
Bernd-Rüdiger Schwesig: *Ludwig XIV.*, Reinbek bei Hamburg 1998

Schloss Drottningholm, Mälarsee   Seite 66

Zitat nach Bengt Paul: *Drottningholm*, in: *Paläste, Schlösser, Residenzen*, hg. von Hermann Boekhoff u. a., Erlangen 1993
Agne Beijer: *Court Theatres of Drottningholm and Gripsholm*, New York 1972
Ronald D. Gerste: *Der Zauberkönig. Gustav III. und Schwedens Goldene Zeit*, Göttingen 1996
Jan Mårtenson und Gunnar Brusewitz: *Drottningholm. The Palace on the Lakeside*, Stockholm 1985
Friedrich Rühs: *Abhandlung über Gustav III., König von Schweden. Leben, Charakter und Einfluß auf die schwedische Nation*, 3 Bde., Berlin 1805-1808

Schloss Nymphenburg, München   Seite 68

Zitat nach Pierre de Brétagne: *Vergnügungen und Feste am Hofe Max Emanuels*, München 1723, aufgefunden bei Hans F. Nöhbauer u. a.: *Der Nymphenburger Park*, München 2001
Adalbert Prinz von Bayern: *Nymphenburg und seine Bewohner*, München 1949
Hubert Glaser (Hg.): *Kurfürst Max Emanuel. Bayern und Europa um 1700*, 2 Bde., München 1976
Ludwig Hüttl: *Max Emanuel. Der Blaue Kurfürst*, München 1976
Elmar D. Schmid: *Nymphenburg*, München/London/New York 2000

Het Loo, Apeldoorn   Seite 70

Zitat nach Thijs Booy: *Es ist nun still auf Schloß Het Loo. Betrachtungen zur Erinnerung an Königin Wilhelmina der Niederlande*, Stuttgart 1964
Elze Luikens: *Apeldoorn in de Schaduw van Het Loo*, Zutphen 1999
Michael North: *Geschichte der Niederlande*, München 2003

Christoph Strupp: *Monarchie und nationale Einheit. Eine neue Biographie über Königin Wilhelmina*, in: *Jahrbuch für Niederlande-Studien 12/2001*, Münster 2002

Schloss Schönbrunn, Wien   Seite 72

Zitat nach Johann Edler von Kurzböck: *Neueste Beschreibung aller Merkwürdigkeiten Wiens*, 1779, aufgefunden bei Elfriede Iby: *Das Residenzschloß Maria Theresias*, in: Elfriede Iby und Alexander Koller (Hg.): *Schönbrunn*, Wien 2000
Rotraud Hinderks-Kutscher: *Donnerblitzbub Wolfgang Amadeus. Mozarts Jugend*, Stuttgart 1913
Walter Koschatzky (Hg.): *Maria Theresia und ihre Zeit*, Salzburg/Wien 1979
Georg Kugler und Gerhard Trumler: *Schönbrunn*, Wien 1986
Georg Kugler: *Schloß Schönbrunn. Die Prunkräume*, Wien 1995

Schloss Belvedere, Wien   Seite 74

Zitat nach Johann Basilius Küchelbecker: *Allerneueste Nachricht vom römisch-kaiserlichen Hofe nebst einer ausführlichen historischen Beschreibung der Residenzstadt Wien*, Hannover 1730
Egon Caesar Conti Corte: *Er ließ schlagen eine Brucken. Geschichten um Prinz Eugen*, Wien 1985
Karl Gutkas: *Prinz Eugen und das barocke Österreich*, Salzburg/Wien 1985
Gottfried Mraz: *Prinz Eugen. Ein Leben in Bildern und Dokumenten*, München 1985
Gottfried Mraz und Helmut Nemec: *Belvedere. Schloß und Park des Prinzen Eugen*, Wien 1988
Wolfgang Oppenheimer: *Prinz Eugen von Savoyen. Feldherr – Staatsmann – Mäzen*, München 1996

Buckingham Palace, London   Seite 76

Zitat nach Theodor Fontane: *Ein Sommer in London*, Dessau 1854
Ronald D. Gerste: *Die Queen. Elizabeth II. und das Haus Windsor*, Regensburg 2001
John Harris u. a. (Hg.): *Buckingham Palace and its Treasures*, London 1968
Roy Nash: *Buckingham Palace. The Palace and the People*, London 1980
Harald Raykowskski: *London. Literarische Spaziergänge*, Frankfurt am Main/Leipzig 2000
Ludwig Schubert und Rolf Seelmann-Eggebrecht: *Majesty Elisabth II.*, Köln 2002

Zwinger, Dresden   Seite 78

Zitat nach Johann Michael von Loen: *Sylvanders von Edel-Leben zufällige Betrachtungen*, 1726, aufgefunden bei Harald Marx: *Matthäus Daniel Pöppelmann –*

Der Dresdner Zwinger. Vom Festbau zum Museum, Frankfurt am Main 2000
Gerald Heres: *Dresdener Kunstsammlungen im 18. Jahrhundert*, Leipzig 1991
Fritz Löffler: *Der Zwinger in Dresden*, Leipzig 1976
Kurt Milde u. a. (Hg.): *Daniel Pöppelmann und die Architektur der Zeit Augusts des Starken*, Dresden 1990
Dirk Syndram: *Das Schloß zu Dresden. Von der Residenz zum Museum*, München/Berlin 2001

Katharinenpalast, bei St. Petersburg   Seite 80

Zitat nach Anna Wirubowa: *Memoiren vom Leben am Zarenhof Nikolaus' II.*, 1923, aufgefunden bei Robert K. Massie: *Der letzte Zar. Das Familienalbum der Romanows*, Zürich 1983
Michael von Griechenland: *Die Zarenpaläste Rußlands*, München 1994
Kulturstiftung Schloß Britz (Hg.): *Der Alexanderpalast in Zarskoje Selo. Von Alexander I. bis Nikolaus II.*, Berlin 1996
Vera Lemus und Ljudmilla Lapina: *Der Katharinenpalast in Puschkin*, Leningrad 1990
Roman Romanow: *Am Hof des letzten Zaren*, München 1997

Würzburger Residenz, Würzburg   Seite 82

Zitat nach Ricarda Huch: *Im alten Reich. Lebensbilder deutscher Städte*, Leipzig/Zürich 1926
Erich Bachmann und Burkard von Roda: *Residenz Würzburg und Hofgarten*, München 1994
Erich Hubala: *Balthasar Neumann. Seine Kunst zu bauen*, Stuttgart 1987
Thomas Korth und Joachim Poeschke (Hg.): *Balthasar Neumann. Kunstgeschichtliche Beiträge zum Jubiläumsjahr 1987*, München 1987
Peter O. Krückmann (Hg.): *Der Himmel auf Erden. Tiepolo in Würzburg*, 2 Bde., München 1996
Hans Reuther: *Balthasar Neumann. Der mainfränkische Barockbaumeister*, München 1983

Schloss Esterháza, bei Fertőd   Seite 84

Zitat nach Anonymus: *Beschreibung des Hochfürstlichen Schlosses Esterháza im Königreich Ungarn*, 1784, aufgefunden bei Pál Voit: *Schloß Esterhazy*, in: Hermann Boekhoff u.a. (Hg.): *Paläste, Schlösser, Residenzen*, Erlangen 1993
Jolán Bak und István Filep: *Fertőd. Esterházy Kastély*, Budapest 1996
Ludwig Finscher: *Joseph Haydn und seine Zeit*, Laaber 2002
Jakob Michael Perschy (Hg.): *Die Fürsten Esterházy: Magnaten, Diplomaten & Mäzene*, Eisenstadt 1995
Katalin Szerzo: *Haydn et les Esterházy*, Budapest 1991

Schloss Stupinigi, bei Turin   Seite 86

Zitat nach J. J. Lalande, *Die Reise eines Franzosen nach Italien*, 1769, aufgefunden bei Luigi Mallè: *Stupinigi. Un Capolavoro del Settecento europeo tra Barocchetto e Classicismo*, Turin 1968
Domenico Carutti: *Storia del Regno Carlo Emanuele III*, Turin 1859
Andreina Griseri: *La Palazzina di Stupinigi*, Novara 1982
Gianfranco Gritella: *Stupinigi. Dal Progetto di Juvarra alle Premesse neoclassiche*, Modena 1988
Michela di Macco (Hg.): *Le Delizie di Stupinigi*, Turin 1997

Schloss Sanssouci, Potsdam   Seite 88

Zitat nach Friedrich Nicolai: *Anekdoten von König Friedrich dem Zweyten von Preußen und von einigen Personen, die um ihn waren. Nebst einigen Zweifeln und Berichtigungen über schon gedruckte Anekdoten*, Hefte 1–6, Berlin/Stettin 1788–1792, aufgefunden bei Hans-Joachim Giersberg: *Die Ruhestätte Friedrichs des Großen zu Sanssouci*, Berlin 1991
Gert von Bassewitz und Inge Maisch: *Potsdam und Sanssouci*, Hamburg 1995
Hans-Joachim Giersberg: *Die Ruhestätte Friedrichs des Großen zu Sanssouci*, Berlin 1991
Hans-Joachim Giersberg und Harald Müller (Hg.): *250 Jahre Sanssouci. Texte und Bilder*, Berlin 1994
Markus Hattstein: *Das Schloß Sanssouci*, Berlin 2002
Friedrich Mielke: *Potsdamer Baukunst. Das klassische Potsdam*, Berlin 1998

Jag Niwas, Udaipur   Seite 90

Zitat nach James Todd: *Annals and Antiquities of Rajasthan*, 1894, aufgefunden bei Amina Okada und Suzanne Held: *Rajasthan*, München 2000
Kalyan Kumar Ganguli: *Cultural History of Rajasthan*, Delhi 1983
Ramdev P. Kathuria: *Life in the Courts of Rajasthan during the 18th Century*, Delhi 1987
Hans E. Latzke u. a.: *Rajasthan*, Köln 1996
Louis Rousselet: *L'Inde des Rajahs*, Paris 1875

Winterpalast, St. Petersburg   Seite 92

Zitat nach Andrej Nelyi: *Petersburg*, Frankfurt am Main 1959
Edith Martha Almedingen: *Die Romanows. Die Geschichte einer Dynastie*, München 1999
Hubert von Bechtolsheim: *St. Petersburg*, München/New York 1994
Meinrad Maria Grewenig und Otto Letze: *Der Zarenschatz der Romanow. Meisterwerke aus der Eremitage St. Petersburg*, Speyer 1994
Reinhold Neumann-Hoditz: *Peter der Große*, Reinbek bei Hamburg 1983

Ingrid Schalthöfer: *St. Petersburg. Literarische Spaziergänge*, Frankfurt am Main/Leipzig 2002
Gudrun Ziegler: *Das Gold der Zaren*, München 2000

Schloss Wörlitz, Wörlitz   Seite 94

Zitat nach Friedrich Reil: *Herzog Franz von Anhalt-Dessau nach seinem Wirken und Wesen*, 1784, aufgefunden bei Reinhard Alex und Peter Kühn: *Schlösser und Gärten um Wörlitz*, Leipzig ²1990
Norbert Eisold: *Das Dessau-Wörlitzer Gartenreich. Der Traum von der Vernunft*, Köln 1993
Erhard Hirsch: *Dessau-Wörlitz. Aufklärung und Frühklassik*, Leipzig ²1987
Ingo Pfeifer: *Schloß Wörlitz*, München 2000
Rudolf Sühnel: *Der englische Landschaftsgarten in Wörlitz als Gesamtkunstwerk der Aufklärung*, in: *Weltbild Wörlitz* (Bd. 1), hg. von Frank-Andreas Bechthold, Ostfildern 1996

Königspalast, Bangkok   Seite 96

Zitat nach Joseph Conrad: *The Shadow Line. A Confession*, London 1916/17 (in deutscher Sprache erstmals 1926 in Berlin unter dem Titel *Die Schattenlinie. Ein Bekenntnis ›meiner unauslöschlichen Achtung würdig‹* erschienen)
Abha Bhamorabutr: *The Chakri Dynasty*, Bangkok 1983
Renate Loose: *Bangkok*, München 1999
Suksri Naengnoi und Michael Freeman: *Palaces of Bangkok. Royal Residences of the Chakri Dynasty*, London 1996
Larry Sternstein: *Portrait of Bangkok. Essays in Honour of the bicentennial Capital of Thailand*, Bangkok 1982
Xiaohui Wang und Johan Wate: *Bangkok*, München 2000

Königlicher Pavillon, Brighton   Seite 98

Zitat nach C. Wright: *The Brighton Ambulator*, 1818, aufgefunden bei Jessica M. F. Rutherford: *Der Königliche Pavillon in Brighton – Palast Georgs IV.*, Brighton 1995
John Morley: *The Making of the Royal Pavilion*, London 1984
Clifford Musgrave: *Royal Pavilion. An Episode in the Romantic*, London 1961
John Nash: *Views of the Royal Pavilion*, hg. von Gervase Jackson-Stops, überarbeitete Neuauflage der Ausgabe von 1827, London 1991
Jessica M. F. Rutherford: *The Great Kitchen in the Royal Pavilion*, in: *Country Life*, 14.12.1989

LITERATUR

Palast der Winde, Jaipur   Seite 100

Zitat nach Francisco Pelsaert: *Schriften über das mogulische Indien*, 1627, aufgefunden bei Amina Okada und Suzanne Held: *Rajasthan*, München 2000
Hans-Joachim Aubert: *Rajasthan*, Köln 2001
Thomas Barkemeier: *Indien – Der Norden*, Bielefeld 1994
Louis Rousselet: *L'Inde des Rajahs*, Paris 1875
James Todd: *Annals and Antiquities of Rajasthan*, 2 Bde., Kalkutta 1894

Sultanspalast, Sansibar   Seite 102

Zitat nach Friedrich Schnack: *Der Zauberer von Sansibar*, Esslingen 1951
Ulla Ackermann: *Tansania und Sansibar*, Köln 2000
Carl Claus von der Decken's: *Reisen in Ost-Afrika*, Bd. 1, Leipzig/Heidelberg 1869
Angelika und Gerd Gräber: *Sansibar*, Heidelberg 1999
Emily Ruete: *Briefe nach der Heimat*, hg. von Horst Schneppen, Bodenheim 1999
Emily Ruete: *Leben im Sultanspalast. Memoiren aus dem 19. Jahrhundert*, hg. von Annegret Nippa, Bodenheim 2000

Pompejanum, Aschaffenburg   Seite 104

Zitat nach einen Brief von König Ludwig I. von Bayern an seinen römischen Kunstagenten Martin von Wagner, 1851, aufgefunden bei Werner Helmberger und Raimund Wünsche: *Das Pompejanum in Aschaffenburg*, München 1995
Heinz Gollwitzer: *Ludwig I. von Bayern*, München 1997
Winfried Nerdinger (Hg.): *Friedrich von Gärtner. Ein Architektenleben*, München 1992
Peter Seibert, Kathrin Jung und Werner Helmberger: *Der Wiederaufbau des Pompejanums in Aschaffenburg*, München 2003
Raimund Wünsche: *Kronprinz Ludwig als Antikensammler*, in: *Wittelsbach und Bayern*, Bd. III/I, hg. von Hubert Glaser, München 1980

Schloss Miramare, bei Triest   Seite 106

Zitat nach Tuisco Achilles Liegel: *Kaiser Maximilian von Mexiko. Erinnerungen aus dem Leben eines unglücklichen Fürsten*, Hamburg 1868

Wladimir Aichelburg: *Maximilian, Erzherzog von Österreich und Kaiser von Mexico in zeitgenössischen Photographien*, Wien 1987
Egon Caesar Conte Corti: *Maximilian von Mexiko. Die Tragödie eines Kaisers*, Wien 1987
Enzo Fonda u. a.: *Miramar*, Triest 1980
Johann Georg Lughofer: *Des Kaisers neues Leben. Der Fall Maximilian von Mexiko*, Wien 2002
Eliana Perotti: *Das Schloß Miramar in Triest. Erzherzog Ferdinand Maximilian von Habsburg als Bauherr und Auftraggeber*, Wien/Köln/Weimar 2002

Schloss Neuschwanstein, bei Füssen   Seite 108

Zitat nach König Ludwig II. von Bayern: Tagebucheintrag vom 16. April 1868, aufgefunden bei Michael Petzet und Achim Bunz: *Gebaute Träume. Die Schlösser Ludwigs II. von Bayern*, München 1995
Hans F. Nöhbauer: *Auf den Spuren Ludwigs II.*, München 1995
Alexander Rauch: *Über die merkwürdigen Schlösser Ludwigs II.*, in: *Charivari*, Sonderausgabe *König Ludwig II. – Sein Leben, seine Schlösser, seine Träume* (1995)
Jean Louis Schlim: *Ludwig II. – Traum und Technik*, München 2002
Marcus Spangenberg: *Der Thronsaal von Schloß Neuschwanstein. König Ludwig II. und sein Verständnis vom Gottesgnadentum*, Regensburg 1999

Achilleion, Korfu   Seite 110

Zitat nach Verena von der Heyden-Rynsch (Hg.): *Elisabeth von Österreich. Tagebuchblätter von Constantin Christomanos*, München 1983
Egon Caesar Conte Corti: *Elisabeth. Die seltsame Frau*, Salzburg 1934
Brigitte Hamann: *Elisabeth. Kaiserin wider Willen*, Wien 1997
Brigitte Hamann: *Elisabeth. Bilder einer Kaiserin*, München 1998
Michael Meier: *Das Achilleion*, München/Berlin 1963

Montazah-Palast, Alexandria   Seite 112

Zitat nach François Levernay: *Führer und Jahrbuch Ägypten*, 1892, aufgefunden bei Joachim Sartorius (Hg.): *Alexandria Fata Morgana*, Stuttgart 2001

Monika und Peter Baumgarten: *Ägypten*, Ostfildern 2000
Simonetta Ciranna: *Antonio Lasciac (1856–1946) ed Ernesto Verrucci (1874–1945). Due Architetti italiani al Servizio dei Sovrani d'Egitto*, in: *Città, Restauro e Architettura da Oriente a Occidente*, Wissenschaftliche Schriftenreihe der Fakultät für Architektur an der Universität von L'Aquila, Athen/Rom 2000
Lawrence Durrell: *Alexandria-Tetralogie*, Reinbek bei Hamburg 1962
Michael Stern: *König Faruk*, München/Esslingen 1967

Bahia-Palast, Marrakesch   Seite 114

Zitat nach Josef Becker: *Marrakesch – Perle des Südens*. Dokumentarfilm, ausgestrahlt in der Reihe *Schätze der Welt*, ARD (SWR) 1997
Arnold Betten: *Marokko*, Köln 2003
Elias Canetti: *Die Stimmen von Marrakesch*, Zürich 1967
Johann Albrecht Cropp: *Marokko*, Luzern 1998
Ingeborg Lehmann: *Marokko*, Ostfildern 2001
Ennio Macconi: *Marrakech*, Florenz 1995
Alfred Renz: *Marokko*, München 1984

Präsidentenpalast, Havanna   Seite 116

Zitat nach Alfred Herzka: *Kuba – Abschied vom Kommandanten?*, Frankfurt am Main 1998
Miguel Barnet: *Alle träumten von Cuba*, Frankfurt am Main 1981
Sven Creutzmann und Henky Hentschel: *Salsa einer Revolution. Eine Liebeserklärung an Cuba zum 40. Geburtstag*, Hamburg 1999
Jeanette Erazo Heufelder: *Havanna Feelings. Die Magie des alten Kuba. Aus den Erinnerungen des Fernado Campoamor*, Bergisch Gladbach 2001
Frank Niess: *20mal Kuba*, München/Zürich 1991
Paul M. Sweezy und Leo Huberman: *Anatomie einer Revolution*, Frankfurt am Main 1968

Hearst Castle, San Simeon   Seite 118

Zitat nach Oliver Carlson und Ernest Sutherland Bates: *Hearst. Lord of San Simeon*, New York 1936
Gray Davis (Hg.): *Hearst Castle*, Sacramento 2001
Georg Honigmann: *Chef weist an – oder: Der Fall des William Randolph Hearst*, Berlin 1973
Ben Procter: *William Randolph Hearst. The early years 1863–1910*, New York 1998

REGISTER

© Prestel Verlag, München · Berlin · London · New York, 2003

Bibliografische Information Der Deutschen Bibliothek
Die Deutsche Bibliothek verzeichnet diese Publikation in der Deutschen
Nationalbibliografie; detaillierte bibliografische Daten sind im Internet
über http://dnb.ddb.de abrufbar.

Umschlagvorderseite: Schloss Chambord, Loire-Tal
Umschlagrückseite: Potala Palast, Lhasa
Seite 1: Königlicher Pavillon, Brighton
Seite 2/3: Jag Niwas, Udaipur
Seite 8/9: Versailles, Schlosspark
Seite 120/121: Königspalast, Bangkok, Wanddetail

Prestel Verlag
Königinstraße 9
D-80539 München
Telefon +49 (89) 38 17 09-0
Telefax +49 (89) 38 17 09-35
www.prestel.de
info@prestel.de

Projektleitung: Katharina Haderer
Bildredaktion und Lektorat: Katharina Haderer, Sandra Leitte
Gestaltung und Herstellung: Ulrike Schmidt
Lithografie: ReproLine, München
Druck: Sellier, Freising
Bindung: Conzella, Pfarrkirchen

Gedruckt in Deutschland auf chlorfrei gebleichtem Papier

ISBN 3-7913-2914-6 (englische Ausgabe)
ISBN 3-7913-2915-4 (deutsche Ausgabe)

Abbildungsnachweis

Der Verlag hat gewissenhaft versucht, alle Quellen und Urheberrechts-
inhaber zu ermitteln und zu kennzeichnen.
Er bittet etwaige Bildrechtsinhaber, die nicht ausfindig gemacht werden
konnten, sich mit dem Verlag in Verbindung zu setzen.
Die Ziffern verweisen auf Seitenzahlen (o/oben, u/unten, l/links, r/rechts,
M/Mitte).

Aero Luftbild GmbH 28 u l
akg-images, Berlin 28 o, u r, 58 u, 112 o, Dieter E. Hoppe 29 u; Pirozzi
31 u; Ruhrgas AG 81 u
allOver, Kleve Rainer Grosskopf 34 o l; Andree Großkämper 118 o, 119;
JBE Photo 13 o, u l; Dieter Schinner 72 o l; Tom Weber 118 u l; Heike
Werner 100 u
artur, Köln René Menges 29 o
Bayerische Verwaltung der staatlichen Schlösser, Gärten und Seen,
München 69 u l, 104 u l, 105
Lothar Beckel, Salzburg 19 u
Achim Bednorz, Köln 18 u, 20 u l, 56/57, 73, 75 u r, 78 o, 86 u, 87
Helga Bemmann, *Kurt Tucholsky. Ein Lebensbild*, Berlin 1990 48 l
Bilderberg, Hamburg C. Boisvieux 114 u l
Christoph & Friends, Essen Friedrich Stark 103 u
Corbis, Düsseldorf Michael S. Yamashita 59 u
Axel Griesinger 61 o
Bildagentur Anne Hamann Wilfried Bauer 92 u l
Heinrich Harrer, *Erinnerungen an Tibet*, Frankfurt am Main/Berlin 1993
62 r
Markus Hilbich, Berlin 15 u r, 25 o, u, 31 o, 52 u l
Oswald Hederer, *Friedrich von Gärtner 1792–1847*, München 1976 104 o
Historischer Verein Neuburg, Schloss Neuburg 52 o r
Bildagentur Huber, Garmisch-Partenkirchen 27 o, 52 u r, 61 u, 65 o, u l
(und 8/9); F. Damm 98/99; Fantuz 74 o l; Giovanni 60 u, 94 u, 95 u;
Gräfenhain 55 o, 66/67, 67 u r, 80 o; Ripani 76 o; B. Römmelt 68/69;
R. Schmid 19 o, 35, 45 o, 117 o
Hungarian National Office of Cultural Heritage 85 u
IFA, München Aberham 91 u, 101 o, u; Barnes 50/51; Diaf 65 u r; Fried
62 M l; P. Graf 96/97; Harris Umschlag vorne, 22 u l; Hasenkopf 53;
Hunter 96 o (und 120/121); IT/tpl 16/17; Jochem 49 o; Kneer 81 o;
Kneuer 115 u; Birgit Koch 91 o (und 2/3); Kohlhas 111 u l; Lescourret
47 o, u; R. Maier 84 o; Neupert-Christians 72 u l; NOK-Photo 13 u r,
96 u r, 109; W. Otto 94 o l, 110/111; Rölle 39 u; Russia 37 o, 93; Fritz
Schmid 98 o (und 1); Siebig 33 o; Simanor 21, 62 o l; TPC 41 u r, 59 o,
100 o l; Tschanz 85 o
Die königlichen Schlösser in Großbritannien, München 1991 38 u l, 76 u
Der königliche Pavillon, Brighton 1995 98 u, 99 u
laif, Köln Celentano 107 o, u r; Emmler 112/113, 113 u r; Gaasterland
33 u r; Paul Hahn 18 o; Andreas Hub 83, 108 u r; Manfred Linke
43 u r; Modrow 90 u, 96 u; Anna Neumann 23; Heiko Specht 114 u r;
Tophoven 34 u; Paul Trummer 111 u r; F. Zanettini 77 o
Nancy E. Loe, *William Randolph Hearst. An Illustrated Biography*, Santa
Barbara 1988 118 u r
LOOK, München Hauke Dressler 49 u, 88 u l, 103 o; Christian Heeb
77 u; Karl Johaentges 27 u l; Kay Maeritz 63 (und Umschlag hinten);
Jürgen Richter 79 o; Florian Werner 108 o; Heinz Wohner 88 o;
Konrad Wothe 27 u r
Bildarchiv Monheim, Meerbusch Lisa Hammel/Annet van der Voort
14 u; Florian Monheim 20 u r, 40/41, 42 o, 43 o, u l,
55 u l, u r, 69 u r, 71 u l, u r, 72 u M, 75 o, 79 u, 82 u, 92 u r, 95 o;
Florian Monheim/Roman von Götz 89
Werner Neumeister, München 15 o, 22 u l, 39 o, 108 u l
Paul den Boer, *The Royal Palace Noordeinde in an historical view*, Zutphen
1986 45 u r
Archivio Scala, Florenz (Antella) 33 u l, 46 o
Klaus Staps 104 u r
Martin Thomas 117 u r
WFVV 75 u l
Thomas Peter Widmann, Regensburg 115 o
Ernst Wrba, Sulzbach am Taunus 70 u, 71 o
Zeitenspiegel, Weinstadt Roberto Salas 117 u l